Juri Meister

Die dümmsten Autofahrer der Welt

Juri Meister

Die dümmsten Autofahrer der Welt

Bassermann

Impressum

ISBN 978-3-8094-3844-1

Autor: Juri Meister
Realisation: Medien- und Literaturagentur Drews
Umschlaggestaltung: Atelier Versen, Bad Aibling
Bildnachweis: Illustrationen im Innenteil:
Carina Schmitt, Atelier Lehmacher

Projektleitung: Dr. Margit Roth
Herstellung: Elke Cramer

Die Informationen in diesem Buch sind vom Herausgeber
und vom Verlag sorgfältig erwogen und geprüft, dennoch kann
eine Garantie nicht übernommen werden. Eine Haftung
des Herausgebers bzw. des Verlags und seiner Beauftragten
für Personen-, Sach- und Vermögensschäden ist ausgeschlossen.

Layout und Satz: Atelier Lehmacher
Druck und Bindung: Druck und Bindung: GGP Media GmbH, Pößneck

Printed in Germany

Verlagsgruppe Random House FSC® N001967
Das für dieses Buch verwendetes FSC®-zertifizierte Papier München Super
liefert Arctic Paper Mochenwangen GmbH.

Inhalt

Die Worst-of-Leiter 122

Einfach nur blöd 135

Vom Wunsch, individuell zu sein 150

Wir sind alle Deppen 152

Einleitung

Wer legt eigentlich fest, wer die dummen oder gar dümmsten Autofahrer sind? Und wer sind die tollen Autofahrer? Nun, in der Selbstwahrnehmung ist das ganz einfach: Man selbst fährt immer super! Die Idioten sind die anderen. Dieses Phänomen nennt sich „Dunning-Kruger-Effekt". Danach führt Unwissenheit oft zu mehr Selbstvertrauen als Wissen. Das gilt etwa für Text-Verständnis, Schachspielen – und eben fürs Autofahren. Die Wissenschaftler David Dunning und Justin Kruger haben dazu an der Cornell University in New York geforscht, einer der renommiertesten Universitäten der Welt. 1999 stellten sie fest: Weniger kompetente Personen neigen dazu, ihre eigenen Fähigkeiten zu überschätzen. Sie erkennen auch überlegene Fähigkeiten bei anderen nicht an. Und sie können vor allem das Ausmaß ihrer eigenen Inkompetenz nicht erkennen („Wenn jemand inkompetent ist, dann kann er nicht wissen, dass er inkompetent ist." – David Dunning). Schwache Leistungen gehen demnach mit größerer Selbstüberschätzung einher als stärkere Leistungen.

So weit, so schlecht.

Im Jahr 2010 veröffentlichten Wissenschaftler der University of Ottawa eine Studie, wonach sich die meisten Autofahrer den anderen gegenüber überlegen fühlen. Diese Selbstüberschätzung könnte zu mehr Unfällen führen, warnten die Wissenschaftler im Fachmagazin „Accident Analysis and Prevention". Ihre Studie ist populär geworden mit dem allgemeinen Kommentar, 90 Prozent der Autofahrer könnten nicht besser fahren als der Durchschnitt. Das steht so aber nicht bei den kanadischen Forschern – 90 Prozent einer Gruppe können nämlich sehr wohl besser sein als der Durchschnitt: Bildet man eine Gruppe aus neun Basketballern der „Harlem Globetrotters" und einem Kleinkind, dann sind alle neun Spieler größer als der Durchschnitt dieser Gruppe. Das ist aber nur eine Spitzfindigkeit.
Denn um wieder auf die Autofahrer zurückzukommen: Hier gaben alle Befragten (100 Prozent!) der Ottawa-Studie an, sie gehörten

definitiv zur besseren Hälfte der Autofahrer. Also: „Alles Dummköpfe außer mir." Und das größte Selbstvertrauen hatten männliche, junge Autofahrer, die besonders viele Unfälle verursachen.

Vor diesem Hintergrund relativieren sich viele Urteile und Beschimpfungen, die Verkehrsteilnehmer tagtäglich über „die anderen" oder „den Idioten da vorne" ausstoßen. Vieles ist eben eine Frage der Perspektive. Manches aber auch nicht. Denn natürlich gibt es ausgesprochen doofe Autofahrer. Nur wissen die das meistens nicht. Und das führt gleich zur nächsten Frage: Warum hält sich eigentlich niemand beim Autofahren für besonders dämlich? Oder wenigstens für unterdurchschnittlich? Ganz einfach: Weil das niemand von sich glaubt.

Und genau das ist bedauerlich. Und zugleich oft komisch. Denn ohne diesen … nennen wir sie ruhig „dummen" Exemplaren zu nahe zu treten – in krassen Fällen liegt der Schluss wirklich nahe, dass es ihnen für die Teilnahme im Straßenverkehr am nötigen Minimalintellekt fehlt. Das betrifft die ganze Palette an denkbarer Idiotie. Und hier gilt gleich noch eine weitere wichtige Regel: Murphys Gesetz in abgewandelter Form: Was man beim Autofahren falsch machen kann, das wird auch falsch gemacht. Aber Hand aufs Herz: Verhalten wir uns alle immer so, dass unser Fahrlehrer stolz auf uns wäre? Von wegen den Herren Dunning und Kruger … Dennoch, in aller Bescheidenheit lässt sich mit Fug und Recht sagen: Es gibt sie wirklich. Saudoofe Autofahrer. Schauen wir uns die schönsten Exemplare an. Wir alle machen es ja besser, gell?

Macht Autofahren etwa uns alle dumm?

„Die Welt" titelt am 31. Juli 2017: „MACHT AUTOFAHREN DUMM?" Allein die Frage lässt den meisten Erwachsenen in Industrieländern das Herz in die Hose rutschen. Das ist ja so wie: Machen die Bierchen beim Stammtisch dumm? Gut, das ist jetzt ein schlechtes Beispiel. Aber Sie wissen, was gemeint ist: Wir haben uns doch alle mit dem Autofahren eingerichtet. „Ohne" geht gar nicht mehr. Und das soll uns ganz allgemein schon verblöden? Ja. Sagt zumindest die Universität von Leicester im schönen Mittelengland. „Die Welt" legt in ihrer Überschrift auch gleich nach: „Lange Fahrten schaden dem Hirn". Was? Hirnschaden? Zugleich mit der aufkommenden Panik registriert der verbleibende Rest unseres Gehirns einen möglichen Rettungsweg – was heißt denn genau „lange Fahrten"? Die britischen Wissenschaftler kennen da leider wenig Mitleid: Bei bereits mehr als zwei Stunden am Tag hinterm Steuer nimmt der IQ ab. Wer also lange Auto fährt, ist weniger intelligent. Und die schlechten Nachrichten reißen nicht ab: Die Erkenntnisse stammen aus einer groß angelegten Studie. Sie hat den Lebensstil von mehr als 500.000 Briten im Alter zwischen 37 und 73 Jahren analysiert, und zwar über den Zeitraum von fünf Jahren. In dieser Zeit unterzogen sich die Teilnehmer regelmäßig Intelligenz- und Gedächtnistests. Der an der Studie beteiligte Doktorand Kishan Bakrania dazu: „Ein Abbau der kognitiven Fähigkeiten ist über einen Zeitraum von fünf Jahren messbar, denn er kann ab dem mittleren Alter schnell auftreten." Und weiter: „Wir wussten, dass regelmäßige lange Autofahrten schlecht für das Herz sind. Diese Untersuchung Vielleicht ist es in dieser Zeit weniger aktiv." In der Tat führt die Studie den Effekt der Verdummung auf eine niedrige Aktivität des Hirns während langer Fahrten zurück. Der IQ sank zudem auch auffallend schnell gegenüber den Probanden, die wenig oder gar kein Auto fuhren.

Nimmt man diese Studie also ernst, dann sind fast alle Autofahrer dumm. Die Briten lassen uns Motorisierten nur noch den Hoffnungsschimmer, unseren Intelligenzverlust ausgleichen zu können, etwa bei geistig fordernder Arbeit. Das bedeutet: Wer täglich mehr als zwei Stunden zwischen Beruf und Heim pendelt, ist intelligenzmäßig erst einmal im Minus und muss hoffen, dann nicht bei einer ähnlich stupiden Tätigkeit herumzusitzen wie im Auto. Das wiederum bedeutet für uns alle, die regelmäßig Auto fahren: Wir sitzen mit Bezug auf Dummheiten alle in einem Boot. Schauen wir uns jetzt ein paar Ausreißer an. Quasi die Bootsleute, die mit der Axt ein Leck in die Wand schlagen und den ganzen Kahn absaufen lassen. Na gut, es sind mehr als ein paar Ausreißer. Auf ins Gruselkabinett des Straßenverkehrs …

Das liebe Tempo

Die Straßenverkehrsordnung mag es weder zu schnell noch zu langsam. In § 3 Abs. 1 StVO heißt es:

„Wer ein Fahrzeug führt, darf nur so schnell fahren, dass das Fahrzeug ständig beherrscht wird. Die Geschwindigkeit ist insbesondere den Straßen-, Verkehrs-, Sicht- und Wetterverhältnissen sowie den persönlichen Fähigkeiten und den Eigenschaften von Fahrzeug und Ladung anzupassen. (…) Es darf nur so schnell gefahren werden, dass innerhalb der übersehbaren Strecke gehalten werden kann. (…)"

Gut, wir dürfen also nicht rasen. Andererseits heißt es in Absatz 2:

„Ohne triftigen Grund dürfen Kraftfahrzeuge nicht so langsam fahren, dass sie den Verkehrsfluss behindern."

Schleichen soll man als auch wieder nicht. Diese Anforderung überfordert einige Verkehrsteilnehmer anscheinend. Denn wir alle können ein Liedchen singen von Rasern und Schnarchnasen im Verkehr. So mancher drängelt sich von hinten regelrecht in uns rein, und andere Vordermänner blockieren in nervtötender Langsamkeit die Straße. Dabei gibt uns Siddhartha-Buddha doch die Lösung vor: Der goldene Weg liegt in der Mitte. (Vielleicht hat er damit nicht direkt den Straßenverkehr gemeint, aber der Grundgedanke zählt schließlich.) Hier folgen ein paar schöne Illustrationen, wie man es nicht macht. Los geht's.

Live every day as if it were your last

Man kennt das ja von Männern in den besten Jahren: den Gedanken „Habe ich wirklich schon richtig gelebt?" Keiner will doch ein langweiliges Leben haben. So ein bisschen Kick, ein bisschen Thrill, ein bisschen Action … das gehört doch dazu. So ähnlich denkt Anton gerade. Anton hatte bisher ein ganz langweiliges Leben, ohne Action und Thrill. Er ist bei der Post angestellt, und er macht seinen Job gut. Aber aufregend ist das nicht gerade. Und jetzt steht er in seiner Eckkneipe und denkt sich: Mit 61 Jahren muss jetzt mal was los sein in seinem Leben. So wie bei Tom Cruise in „Mission Impossible" oder so. Nur halt in Koblenz. Der Entschluss ist gefasst: Anton will endlich mal etwas Verrücktes machen. Er leert sein Bier und geht zu seinem Wagen. Startet ihn. Lässt den Motor aufheulen. Und fährt los. Auf den Straßen klirrt die Kälte. Es ist Jahresanfang 2015. Lange braucht er gar nicht zu suchen nach seinem Kick. Denn schon zwei Straßen weiter sieht er eine Gruppe Fußgänger und in der Nähe eine Polizeistreife. Die Gelegenheit ist perfekt, und Anton gibt Gas, fährt mit quietschenden Reifen auf die Fußgänger zu. Haarscharf rast er an der Gruppe vorbei, die in letzter Sekunde zur Seite springt. Jetzt brettert Anton mit seinem Wagen über zwei Felder am Stadtrand hinweg. Und das Beste ist: Die Bullen sitzen ihm direkt im Nacken. Anton fühlt sich wie Clint Eastwood und Charles Bronson zusammen. Er hat es geschafft – eine veritable halsbrecherische Verfolgungsjagd! Die Jagd endet erst, als er auf einem Schotterplatz festfährt. Den Polizisten sagt Anton, er liebe es einfach, schnell zu fahren. Außerdem liebe er das Duell mit den Cops. Der Alkoholtest ergibt, dass Anton auch nur leicht angetrunken ist. Bleibt für ihn zu hoffen, dass der Adrenalinstoß den kommenden Ärger auch wert war.

Eine Pizza für Ungeduldige

Das ist die Geschichte einer teuren Pizza. Einer sehr teuren Pizza genaugenommen. 1200 Euro kostet sie. Und, nein, sie ist weder mit Goldblättchen überzogen, noch wird sie von der Pizzeria mit kleinen Diamanten dekoriert. Das Ganze kommt vielmehr so: Eines Abends beschließen ein Mann und seine Freundin in Baden-Württemberg, nennen wir sie der Einfachheit halber Thomas H. und Susi M., dass sie zum Abendessen gerne Pizza hätten. Lange Wartezeiten in der Pizzeria sind doof, und Thomas hat wahnsinnigen Hunger. Deshalb ruft er in der Pizzeria an und bestellt die beiden Pizzen schon mal vor. Damit wird die Pizzeria zwar von einem Treffpunkt des gemütlichen Beisammenseins zu einer Art Schnellrestaurant umfunktioniert, aber das ist eine Sache zwischen Thomas, Susi und Salvatore, dem stolzen Inhaber des italienischen Restaurants.

Um allerdings von ihrer Wohnung zu dem Ort zu gelangen, an dem die vorbestellte Pizza wartet, müssen Thomas und Susi die Bundesstraße nehmen. Und an diesem Tag ist Tempo 80 vorgeschrieben. Aber das interessiert Thomas nicht, der hat schließlich Hunger! Also nimmt er die Straße mit 160 Stundenkilometern. Er ist dabei so in seinen Hunger vertieft, dass ihm die Polizei offenbar nicht auffällt, die sich an seine Fersen oder eher: an sein Auto heftet. Ganz im Gegenteil: Thomas beschleunigt weiter auf 190. Das allerdings finden die Polizisten gar nicht lustig.

Als Thomas gezwungenermaßen von 190 auf Null reduziert und die Fensterscheibe herunterkurbelt, bemerken die beiden Polizisten, dass Susi hochschwanger ist. „Wehen?", erkundigt sich der eine der beiden Beamten, in diesem Fall hätte er durchaus Verständnis fürs Rasen.

„Hä?", gibt Thomas zurück.

Der Polizist deutet auf Susi. „Ist es so weit?"

Hä?", wiederholt Thomas. Dann geht ihm ein Licht auf. „Ach so, nein. Aber die Pizza ist längst fertig."

Jetzt kann der Beamte seinerseits der Konversation nicht mehr folgen. Er fragt zwar nicht „Hä", sondern „Welche Pizza?", aber das klingt schon nicht mehr ganz so wohlwollend.

„Natürlich die Pizza, die wir bestellt hatten", erklärt Thomas ungeduldig, Stichwort: Hunger. „Wenn wir hier mit 80 langzockeln, ist die kalt, bis wir da sind."

„Alles klar", erwidert der Beamte, das mache dann 1200 Euro Bußgeld und 3 Monate Fahrverbot, man werde sich bei Thomas melden. „Aber vielleicht haben Sie ja im Ort auch eine Pizzeria."

Noch eine Anmerkung: In der geschilderten Episode zeigt der Polizeibeamte Verständnis für die Überschreitung der Höchstgeschwindigkeit, als er vermutet, dass bei der Beifahrerin die Wehen eingesetzt haben. Und tatsächlich gibt es Situationen, in denen es erlaubt ist, das vorgeschriebene Tempolimit zu überschreiten. Dann nämlich, wenn „ein rechtfertigender Notstand gemäß § 16 OWiG vorliegt", das ist bei Gefahr für Leib und Leben der Fall. Einsetzende Wehen erfüllen diesen Notstand allerdings nicht, denn sie stellen in der Regel weder für Mutter noch fürs Kind eine derartige Gefahr dar. Die Rettung zu rufen, ist hier ratsamer.

Dumm und schnell

Zu schnell zu fahren, steht ja an sich schon nicht so ganz im Einklang mit der Straßenverkehrsordnung. Aber dann gibt es bei diesen Autofahrern noch solche, die nicht nur zu schnell fahren, sondern auch noch glauben, die gesamte Umwelt und erst recht die Polizei besäße kollektiv einen IQ unterhalb der 80 Punkte. Sprich: Die kommen mir nie auf die Schliche! Dafür bin ich viel zu schlau. Und wenn die mir doch draufkommen, dann ärgern die sich höchstens, dass sie nicht genauso ultracool sind wie ich.

Das alles denkt sich auf alle Fälle Denis P. an diesem Oktobermorgen im Jahr 2017. Denis ist 16, also nicht ganz in dem Alter, in dem man in Deutschland die Erlaubnis zum Lenken eines Autos bekommt. Aber die zwei Jahre weniger tun echt nichts zur Sache, denn Denis kann supergeil Auto fahren. Und deshalb zeigt er den anderen Jungs im Auto heute mal, dass man auf der Landstraße bei Sulzbach-Rosenberg in der Oberpfalz problemlos mit einer Geschwindigkeit von 180 Stundenkilometern vorankommen kann. Aber während der Fahrt kommen Denis Bedenken: Was nämlich, wenn er das nachher den anderen, die nicht mit dabei waren, erzählt, und die glauben das nicht? Besser also, er hält seine Fahrt mit der Videokamera fest, dann kommt ihm nachher keiner dumm. Ohnehin kann man ja nachher immer behaupten, er habe sich das alles nur ausgedacht. Also lädt Denis das Video sicherheitshalber noch bei Snapchat hoch.

Und genau das ist ein Fehler: Denn ein namentlich nicht genannter Zeuge erkennt Denis, und weil er so eine Raserei eines minderjährigen Fahrers anscheinend kein bisschen ultracool findet, meldet er die Videosequenz der Polizei des Bezirks. Und von denen erkennt doch dummerweise ein Mitarbeiter Denis und eine ganze Horde anderer grölender Jugendlicher wieder, die aus dem Auto winken. Auch er findet das absolut nicht ultracool, und so bekommt Denis ganz spießig und kleinbürgerlich Besuch von der Polizei, deren Mitarbeiter glücklicherweise doch nicht so unterbelichtet sind, wie Denis angenommen hatte. Und die auch ein völlig anderes Verständnis vom angemessenem Verhalten im Straßenverkehr haben als Denis.

Einer ist immer der Dumme

Da ist dieses Foto. Und da ist eine Geschwindigkeitsüberschreitung. Von 22 km/h. Aber hätte der Bußgeldbescheid wirklich sein müssen? Dmtri aus Kasan in der russischen Teilrepublik Tatarstan findet ganz entschieden: Nein! Die Sache ist nämlich die, dass sein Auto abgeschleppt wurde. Das ist schon ärgerlich genug, aber der Strafzettel wegen des zu hohen Tempos ist wirklich zu viel des Guten. Das Foto trägt Datum und Uhrzeit von August 2016 und zeigt zweifellos Dmitris Auto. Auch die Geschwindigkeit ist korrekt gemessen. Eindeutig ist aber auch zu erkennen, dass der Wagen huckepack auf einem Abschleppwagen steht. Die Polizei in der Tatarstans Hauptstadt spricht von einem „technischen Fehler". Der Bußgeldbescheid wird darum wieder aufgehoben. Dafür schickt die Polizei den Strafzettel jetzt an den eigentlichen Dummen: den Fahrer des Abschleppwagens.

Florida, der Anti-Schnarchnasen-Staat

Zu schnelle Fahrer sind gefährlich. Möglicherweise lebensgefährlich. Aber was ist mit denen, die zu langsam fahren? Von denen hat man jedenfalls in Florida die Nase voll. Die Straßen dort sind im Allgemeinen hervorragend ausgebaut, und in Amerika fährt man im Gegensatz zu Deutschland eher gentlemanlike. Man könnte den dortigen Verkehr durchaus als diszipliniert bezeichnen, wären da nicht die Schleicher auf linken Spuren. Sie fahren so einbremsend langsam, dass selbst die Floridaner die Geduld verlieren. Böse Zungen behaupten, alles liege daran, dass die Menschen verlernt haben auf richtige Knöpfe zu drücken. Ein Zeichen davon seien Handysüchtige, die beim Fahren nach unten statt nach vorn starrten und mittlerweile sogar zu dumm seien, ihren Tempomaten richtig einzustellen. Wahrscheinlich, weil sie das nicht mit einer App erledigen könnten. Das Ergebnis ist bekannt. Die Schleicher treiben die Fahrer hinter ihnen in den Wahnsinn. Das kann in unschönen Gesten münden oder im Rechts-Überholen, was auf amerikanischen Highways genauso verboten ist wie auf deutschen Autobahnen. Zumindest erzeugen die Schnarchnasen auf Spur links einen allgemeinen Anstieg schlechter Laune. Was macht in solchen Fällen ein deutscher Verantwortlicher? Er seufzt wahlweise „Ja, mei" oder „Jede Jeck is anders". Und resigniert. In Florida handeln die Entscheider hemdsärmeliger und rufen zur Attacke auf Trantüten. Also verteilt die Polizei dort inzwischen fleißig Strafzettel an Fahrer, die deutlich langsamer als mit der erlaubten Geschwindigkeit auf der linken „fast lane" fahren (Die Welt, 27. Juli 2017). Bei vielen amerikanischen Autofahrern scheint das auf Zustimmung zu treffen. Vielleicht auch bald in Deutschland?

Was geht ab bei Kontrollen auf deutschen Straßen?

Oh Schreck, eine Polizeikontrolle! Jetzt kommt der Moment der rechten Gehirnhälfte – die ist für Spontaneität und Kreativität zuständig. Und einige Autofahrer entwickeln in diesem Augenblick tatsächlich eine bewundernswerte Phantasie. Wenn man sich auf frischer Tat ertappt fühlt, gilt es, ein Bußgeld, Punkte in Flensburg oder ein Fahrverbot zu verhindern. „Ein Schild? Da war doch gar kein Schild!" Gespielte Ahnungslosigkeit ist nur eine Taktik ertappter Verkehrssünder, sich herauszureden. Es geht auch kreativer. Wohlan denn!

- Eine betrunkene nicht-schwangere Autofahrerin, die dreimal hintereinander über eine rote Ampel fährt: „Ich bin schwanger und habe Bauchschmerzen. Deswegen muss ich ganz schnell nach Hause." Grinsen Sie nicht so fies, Sie Chauvi-Schwein!
- „Der Mann vor mir besaß die Frechheit, einfach auf die Bremse zu treten." Geben Sie Gas, vielleicht erwischen Sie ihn noch!
- Ein Autofahrer, der zu schnell gefahren ist: „Mir ist das Pfefferspray in der Hosentasche geplatzt." Das hab ich bei der letzten Demo noch einem Ihrer Kollegen abgenommen.
- „In hohem Tempo näherte sich mir die Telegrafenstange. Ich schlug einen Zick-Zack-Kurs ein, aber dennoch traf mich die Telegrafenstange am Kühler." Nein, ich bin nicht einverstanden mit einem Alkoholtest.
- Ein Autofahrer, der während der Fahrt mit dem Handy telefoniert: „Ich habe mich nur am Ohr gekratzt." Das ist ein traditioneller koreanischer Ohrenkratzer aus einem Familienbetrieb namens Samsung.
- „Ich konnte nicht wissen, wie schnell ich bin. Mein Tacho war kaputt." Aber ich habe das auch so im Gefühl, dass es nicht mehr als 50 Sachen waren.
- Ein Autofahrer, der bei Rot über eine Kreuzung fährt: „Das waren meine Rücklichter." Sie sind aber nicht die ersten, die das verwechseln.

- „Die Welle des Gaspedals ist beim Hochschalten abgebrochen." Das war genau wie ... kennen Sie auch diesen Film mit Yul Brynner?
- „Meine Windschutzscheibe ging kaputt, als ein gefrorenes Eichhörnchen vom Baum fiel." Da hinten steht noch seine trauernde Verwandtschaft.
- „Ich konnte nicht bremsen, weil sich eine Kartoffel unter dem Bremspedal verkeilte." Ich kenn die Kartoffel schon, das macht sie manchmal.
- „Auf dem Beifahrersitz stand eine Torte, ich konnte nicht bremsen." Und reinfassen und festhalten konnte ich sie ja wohl auch nicht.
- „Die Verkehrsschilder waren unbeleuchtet. Sie tauchten aus dem Dunkel auf, um sofort wieder zu verschwinden." Der Verantwortliche dafür kann sich auf was gefasst machen.
- „Es regnete, und es war kein Alkohol." Da hätten Sie sich auch nicht anders verhalten, wenn ich Sie so ansehe.
- „Bulle zu sagen, ist doch nichts Schlimmes. So werden Polizisten ja auch im Fernsehen genannt." Und da würden die doch nichts Schlimmes senden.
- „Ich hatte im Hänger ein Pferd und konnte deshalb nicht so schnell bremsen." Auf dem Pferd hätte ich ja einfach über das Auto vor mir springen können. Aber ...
- „Tut mir leid, ich war zu spät und zu blöd (und blond bin ich auch noch)." Und gucken Sie doch mal, wie schön ich mit den Äuglein klimpere.
- „Als ich in eine Kurve fuhr, ging die Tür auf, und ein gefrorener Kebab flog heraus, der ein vorbeifahrendes Auto beschädigte." Und dann kam ein riesiger Hund und verschlang den Kebab und lief fort.
- „Ich bin nicht die Temposünderin auf dem Bild, aber ich habe da eine Zwillingsschwester." Und richten Sie der Schlampe aus, dass sie noch meine Stilettos hat.
- „Ein Fußgänger kam plötzlich vom Bürgersteig ab und verschwand wortlos unter meinem Wagen." Er hätte sich wenigstens noch vorstellen können.

- „Ich bin nicht unter Alkohol gefahren, ich habe den Wagen nur rollen lassen." Genaugenommen steckte nicht mal der Zündschlüssel.
- „Wegen einer Wespe, die in mein Hosenbein flog, gab ich an einer roten Ampel versehentlich Gas und fuhr meinem Vordermann auf." Gegen selbiges Insekt erstatte ich hiermit Anzeige.
- „Als ich auf die Bremse treten wollte, war sie nicht da." Und – verflucht noch mal – ich finde sie immer noch nicht.
- „Die rote Ampel muss sich hinter der Sonne versteckt haben." Das ist überhaupt total verantwortungslos, Ampeln in diesem Winkel anzubringen.
- „Der Gegenverkehr hat mich geblendet, deshalb habe ich das Tempolimit nicht gesehen." Wenn sich das jetzt für sie komisch anhört – für mich auch.

Meiner ist größer!

Bei dieser Überschrift geht es selbstverständlich um den Motor, was sonst. Denn es mag sein, dass vor Gott und dem Grundgesetz alle Menschen gleich sind – auf der Straße sind sie das keineswegs! Hier wird das Ego aufgemotzt mit Pferdestärke und Kilowatt, dass es kracht. Wenn da ein popliger Cinquecento und ein Grand Cherokee an der Ampel nebeneinander stehen – wer spricht da von Gleichheit? Das ist so wie Magerquark und Crème fraîche, Röhrenbildschirm und Flatscreen, Kreisklasse und Champions League. So sieht das zumindest der Fahrer mit dem dicken Motor. Der SUV ist unter den Mini Coopers so etwas wie ein Löwe unter Gazellen. Er ist der Jäger, die anderen sind die Gejagten. Die richtigen Aufgaben stellen sich einen Motorprotz aber erst, wenn er allein ist. Am besten in der Wildnis. Lässt diese Vorrede nichts Gutes erahnen? Da könnten Sie Recht haben …

Mehr Gas!

Es gibt Männer, die sind eben noch richtige Männer. Joseph aus Minnesota ist so ein ganzer Kerl. Er hat einen Baum gefällt in seinem großen Garten. Jetzt stört nur noch der Stumpf. Unsereins würde vielleicht einen Gärtner rufen, aber Joseph verfällt auf eine viel bessere Idee: Er bindet ein starkes Abschleppseil an seinen Chevrolet und schlingt es an der anderen Seite um den Stumpf. Sitzt schön stramm. Dann schreiten er und sein Kumpel Ryan zur Tat. Joseph sitzt am Steuer, Ryan dirigiert von außen. Sachte gibt Joseph Gas und fährt langsam an. Was den Stumpf aber nicht besonders beeindruckt. Er bewegt sich kein Mü vom Fleck. „Mehr Gas!", brüllt Ryan. Der Motor heult auf, aber der Baumstumpf bleibt stur immer noch genau da, wo er steht. „Setz ein wenig zurück. Und dann mit Schwung!", weist Ryan seinen Kumpel an. Der tut wie geheißen. Und wirklich – das Seil spannt sich kraftvoll unter der Wucht des fahrenden Chevis, und der Stumpf löst sich aus der Erde. Ach was, er fliegt aus dem Boden und fliegt und fliegt … und landet direkt in Heckscheibe des Chevrolets. Für die Kosten der Reparatur wäre locker ein Gärtner drin gewesen.

Fahren wie im Dschungel

Wie ist Ihr Verhältnis zu Geländewagen? Jedenfalls sind sie sehr nützlich, wenn man Flüsse durchqueren muss oder eine längere Strecke in Wüsten oder Hochgebirgen zulegt. Denn zum Beispiel so ein Grand Cherokee aus dem Hause Jeep hat ganz schön was unter der Haube. Man könnte sagen, solche Gefährte sind im Stadtverkehr regelrecht unterfordert. Manchmal scheinen sie darum ein Eigenleben zu entwickeln. So wie ein besagter Jeep im Juli 2015 in Heidelberg. Der 36jährige Fahrer wird später sagen: „Ich hab wirklich nur ganz kurz aufs Gas getippt!" Zuerst steht er aber noch auf dem Parkplatz eines Einkaufszentrums und wartet, dass er rückwärts ausparken kann. Und wartet. Und wartet. Es ist Samstagvormittag. Der Strom an vorbeifahrenden Autos reißt nicht ab. Und niemand lässt den Jeep rein. Irgendwann wird es dem Fahrer zu dumm, und er … sagen wir: „tippt mal kurz aufs Gas". Der Jeep scheint endlich die lange gefesselte Motorkraft freilassen zu wollen und fährt kawenzmäßig zurück. Die Begeisterung des aufheulenden Motors wird erst in der Scheibe eines türkischen Gemüseladens gestoppt.

Dies ist längst nicht der einzige Fall, in dem geballte Motorkraft auf einen Fahrer trifft, der seine Fähigkeiten überschätzt, gelinde gesagt. Wie sagte Papa Daedalus noch zu Sohnemann Ikarus: „Junge, flieg nicht zu hoch und nicht zu tief, sonst geht das nicht gut mit den Flügeln." Die Anforderungen des Straßenrechts sind dagegen vergleichsweise profan: einfach auf den Abstand achten, nirgendwo anstoßen, dann ist alles gut. Das mit dem Abstand wird allerdings desto schwieriger zu überblicken, je schneller man fährt. Gewisse Autos wie etwa ein Ferrari laden jedoch förmlich dazu ein, den Motor auszutesten. Dazu wiederum muss man die Motorkraft beherrschen. Dies geht einem Ferrari-Fahrer im August 2015 in Hamburg komplett ab. Auf der Dashcam eines anderen Fahrzeugs ist sehr schön und sehr beeindruckend zu sehen, wie der rote Flitzer das Fahrzeug mit Karacho überholt und dann mit voller Pulle weiter fährt … bis er an eine Stelle kommt, an der auf der linken Straßenseite ein Brückengeländer steht und auf der rechten Seite ein Bus. Dazwischen ziemlich wenig Platz. Also ganz schön eng, auch für einen schnittigen Ferrari. Normale Fahrer bremsen hier ab fahren langsam, aber nicht unser Flitzer: Der rast ungebremst in die enge Lücke, ein wenig so wie James Bond, wenn dreißig schießwütige Killer hinter ihm her sind. Jedoch – warum steht die Geschichte in diesem Buch? Die Lücke ist zu eng. Die gute Nachricht: Der Ferrari kommt noch durch. Die schlechte: Beide Seiten sind abrasiert. Aber gottlob bleiben alle Beteiligten am Leben.

Und was berichtet der TÜV?

Wie kriegt der deutsche Autofahrer seinen Wagen bei gewissen Schwierigkeiten durch die Hauptuntersuchung? Unkreativ sind die Kunden nicht, wenn es darum geht, hier Ausreden zu erfinden. Vielleicht nicht erfolgreich, aber erfinderisch. Schließlich geht es um einiges bei der Prüfung. Mancher Autofahrer hat schon Tage vorher schlaflose Nächte deswegen. Seit 50 Jahren gibt es die HU-Plakette, auch TÜV-Plakette genannt. Die zu kriegen, ist wahrlich nicht immer leicht: Der TÜV Süd hat die schrägsten Ausreden gesammelt, wenn dem „Heiligen Blechle" Ungemach vom Prüfer droht.

– „Das Auto kriegt morgen meine Frau zum Geburtstag als Überraschung, ich muss jetzt sofort TÜV haben." Ach so. Wenn das so ist …
– „Mit dem Wagen fährt nur meine Frau." Ja, nee, ist klar. Ergänzt sich gut mit dem nächsten Spruch:
– „Da habe ich keine Ahnung, mit dem Auto fährt nur mein Mann." Ich habe den Wagen – äh – auch gar nicht wirklich hierhergefahren.
– „Meine Frau bringt mit dem Auto bloß die Kinder zur Schule." Und Sie wissen doch selbst, wie heimtückisch heute schon Grundschulkinder den Tachostand manipulieren!
– Attraktive Frau: „Mein Freund meinte, wenn ich beim TÜV vorfahre, bekommen wir vielleicht die Plakette." Und wer hätte gedacht, dass ich an einen schwulen Kfz-Meister und eine Kfz-Meisterin gelange?
– Kundin: „Mein Mann hat gesagt, ich soll alles unterschreiben, wir verkaufen das Auto eh an die Werkstatt." Ohne Worte.
– „Der Ölverlust kommt vom Danebenleeren beim Einfüllen." Was meinen sie, wie groß die Pfütze beim Ölwechsel war?
– Bei Beleuchtungsmangel: „Ich fahr eh bloß bei Tag." Und ich sage auch immer die Wahrheit.
– „Die Nebelschlussleuchte brauch ich nicht, bei solchem Wetter bleib ich sowieso zuhause." Ich bin halt eher der häusliche Typ.

- „Da passiert doch nichts, den Riss hab ich schon seit einem Jahr in der Scheibe." Und selbst wenn – Scherben bringen ja Glück.
- „Versprochen, nächste Woche mach ich Winterreifen drauf." Allerspätestens, wenn der Frühling beginnt.
- fehlende Sicherheitsgurte: „Da hinten sitzt bei mir nie jemand." Ich hasse alle Menschen. Nicht mal auf dem Beifahrersitz nehme ich jemanden mit.
- „Ist alles in Ordnung, habe ich original bei eBay gekauft." Schon das Foto war super.
- „Wozu brauch ich eine Handbremse, das ist doch eine Automatik!" Wozu ich das Gaspedal brauche, weiß ich auch nicht.
- „Da ist nur schlechter Sprit drin vom Urlaub, normal sind die Abgaswerte gut." Ich weiß auch nicht, was die da auf dem Bauernhof ins Benzin mischen.
- „Je lauter mein Auspuff, desto sicherer, weil man mich besser herannahen hört." Ich kann ja auch nicht ständig nur die Hupe drücken.
- „Da darf kein Mangel im Prüfbericht stehen, ich will den Wagen verkaufen." Schließlich ist das hier doch ein Servicebetrieb, oder?
- „Dann meld´ ich den halt ab. Dann gehen dem Staat aber die Steuern weg, wollen Sie das verantworten?" Ach was, verbinden Sie mich doch mal gleich mit dem Finanzminister.
- „Nach hinten brauch ich nichts sehen, mich überholt keiner!" Zumindest nicht, solange der Vettel, der Hamilton und der Rosberg nicht hinter mir sind.
- „Ich fahre doch nicht viel." Wenn ich einmal im Jahr ohne Auspuff fahre, das merkt doch kein Schwein.
- „Vor zwei Jahren hat der Kollege kein Wort gesagt, dass mit den Bremsen etwas nicht stimmt." Und der schien mir auch sonst viel vertrauenswürdiger, Ihr Kollege.
- „Die Ersatzteile für den amerikanischen Wagen sind erst in drei Monaten wieder lieferbar." Zeigen Sie doch mal ein bisschen guten Willen. Die Plakette kriegt er doch schon jetzt, oder?
- „Den Defekt hat mein Auto seit Jahren, das hat noch nie gestört." Na ja, vielleicht auch erst seit einer Woche, aber das macht doch wohl keinen Unterschied.

- „Die Nebelschlussleuchte brauche ich nie, ich weiß nicht einmal, wo ich die einschalten muss." Und wer fährt mit diesem Wagen: Sie oder ich?
- Bei der HU werden fehlende Wischerblätter bemängelt: „Gestern waren die noch dran, jetzt hat die schon wieder jemand geklaut." Aber ich kurbele auch gern mal bei der Fahrt das Fenster herunter und wische mit dem Ärmel.
- „Die Mängel jetzt zu beheben ist völlig sinnlos. Das Auto ist für einen Crashversuch vorgesehen, braucht aber für den Crash einen gültigen TÜV." Tom Cruise zählt auf Sie!
- Prüfer: „Ihr Verbandskasten ist abgelaufen." Sie: „Das macht nichts, ich bin Krankenschwester!" Dieses ganze Zubehör wird vollkommen überbewertet, sage ich Ihnen.
- Bei der HU funktioniert kein Abblendlicht. „Ich fahre nicht bei Dunkelheit." Da fürchte ich mich nämlich.
- „Wenn ich die Scheibe austauschen muss, wer zahlt mir dann meine Vignette?" Sehen Sie, daran haben Sie wieder nicht gedacht, Sie … Sie Kfz-Meister, Sie!
- Bei der HU: „Bitte schaun Sie genau hin und schreiben alles auf. Ich will ein neues Auto und meine Frau hat es mir verboten. Vielleicht schaffe ich es so, sie zu überzeugen." Da gibt es gar nichts zu lachen! Sie kennen meine Frau nicht.
- An einem russischen Auto funktioniert die Hinterradbremse nicht. „Das ist ein russischer Wagen, der hat hinten keine Bremse." Sie kennen sich wohl noch nicht so gut aus – koreanische Wagen haben nicht mal ein Gaspedal.
- Vor der Probefahrt mit dem Motorrad bemerkt der Prüfer den zu geringen Reifenluftdruck. Er misst nach und sagt dem Besitzer, dass nur 0,3 bar Druck auf dem Reifen sind. Kunde: „Ich dacht schon: Mein Gott, sind die Straßen schlecht!" Aber Sie haben doch eine Luftpumpe da, oder?
- Anfrage eines Kunden, für dessen Wohnwagen die TÜV-Plakette abgelaufen war: „Mein Wohnwagen steht in Spanien, reicht es, wenn ich Ihnen Bilder zeige, und sie machen mir dann den Stempel in die Papiere?" Sie enttäuschen mich. Ich hatte wirklich gedacht, Sie sagen ‚ja'.

- Bei einem Traktor funktioniert die Hupe nicht. Dazu der Landwirt: „Ja mei, ich kann ja schreien, ist eh alles offen, da hört man mich schon." Außer die saupreißischen Prüfer vielleicht.
- „Brauchst nicht genau schauen bei meinem Traktor – mit dem fahre ich nur im Obstgarten." Du sollst ihn nicht so anschauen, habe ich gesagt!
- „Das ist das Auto von meinem Nachbarn." Lassen sie die Karre einfach durchrasseln. Ich kann den Arsch eh nicht leiden.
- „Man kann ein Auto auch tot-reparieren." Er Wagen ringt doch schon nach Luft, hören Sie das nicht?
- Bei der HU reißt ein Handbremsseil. In der schriftlichen Beschwerde findet sich der Satz: „Das Seil ist nur gerissen, weil der Prüfer an der Handbremse gezogen hat wie ein Ochse." Das habe ich ihm auch sinngemäß gleich so gesagt, aber von einem ‚Horn' war nie die Rede!
- Prüfer: „Sie haben starken Ölverlust am Motor." Autofahrer: „Macht nix, ich habe in der Garage eine Wanne unters Auto gestellt." Was gucken Sie denn jetzt auf einmal so baff?
- „Ich brauch den TÜV aber jetzt, mein Kurzzeitkennzeichen läuft ab." Was soll hier heißen: Verkehrssicherheit? Mein – Kurz-kennzei-chen!
- „Früher habe ich mich vor dem TÜV mehr gefürchtet, als vor dem Zahnarzt. Aber heute hat es mir echt gut gefallen." Was machen Sie eigentlich heute Abend?

Grober Unfug und asoziales Verhalten

Vom dummen Gehabe mit Protzkarren ist es gedanklich für den entsprechenden Fahrer kein allzu großer Schritt mehr, sich so richtig und komplett daneben zu benehmen im Straßenverkehr. Auf Autobahnen, in Städten oder auf Landstraßen begegnet einem die komplette Bandbreite dessen, was uns unsere Mütter früher immer mühsam aberzogen haben: Wenn sich Menschen auch ansonsten zivilisiert benehmen können, auf der Straße fallen oft die letzten Schranken menschlicher Kultur. Rücksichtslosigkeit und Dummheit schaffen es regelmäßig in die Presse, wenn mal wieder ein besonders merkbefreiter Gaffer eine ganze Rettungsaktion in Gefahr gebracht hat. Was soll man da machen? Ist der Straßenverkehr wirklich ein Umfeld, in dem wir zu Zootieren regredieren? Die folgenden Beispiele legen die Vermutung sehr nahe. Und so leid es mir tut: Meistens sind es die Kerle, die unangenehm auffallen. Vielleicht entstehen ja unter ihnen im Auto solche Gefühle und Verhaltensweisen, wie man sie aus Männerbündnissen kennt, wo man „unter sich" ist. Irgendwelche Teile des Hirns scheinen sich im Verkehr daran zu erinnern, wie das mal früher war in der Wildnis. Glauben sie nicht? Lesen Sie selbst!

Gedanken- oder rücksichtslos?

In diesem Fall ist Gott sei Dank nichts passiert. Aber man fragt sich schon, ob einige Autofahrer gedanklich auf diesem Planten leben. Was jetzt folgt, ist ein krasses Beispiel dafür, dass einige Autofahrer so tun, als wären sie allein auf der Welt. Fahrer, die ihre Wagen in zweiter und dritter Reihe abstellen („Ich wollte nur schnell was erledigen!"), sollen hier noch gar nicht erwähnt werden. Es geht eher um Mitmenschen, die ihren Wagen volltanken, zur Kasse gehen, ausführlich das Auto vor der Zapfsäule inspizieren und dann immer noch vor selbiger Säule in Ruhe ihre Mails auf dem Handy checken – das alles, während man auf den Platz wartet, um selbst tanken zu können. Oder um ehr autistisch veranlagte Parker, die in aller Seelenruhe ihr Gefährt besteigen und stoisch ignorieren, wie andere Fahrer auf den Parkplatz warten und ihrerseits den Verkehr behindern. Das hier ist nur noch eine Spur krasser.

Ende Mai 2017 in Berlin-Schöneberg: An einer viel befahrenen Straße parkt ein Auto auf der Busspur. Das Kennzeichen wird überprüft. Es ist als gestohlen gemeldet. Als der Wagen entfernt werden soll, entdeckt man darin einen Benzinkanister, an dem Drähte befestigt zu sein scheinen (Tagesspiegel, 29. Mai 2017). Schockschwerenot! Das schreit nach umfassendem Alarm. Daher rückt die Polizei mit 40 Beamten an und sperrt die Hauptstraße. Sie evakuiert Wohnungen und eine Kita in der Nähe. Jetzt kommen Spezialisten der Kriminaltechnik zum Einsatz. Sie untersuchen das Auto mit einem ferngesteuerten Sprengroboter. Der surrt mit Greifarm und Kamera zum verdächtigen Fahrzeug und sichert Kanister und Drähte. Es stellt sich heraus: Blinder Alarm! Der Kanister enthält nur Wasser, und die Drähte gehören zu einer selbst gebastelten USB-Ladestation. Natürlich sind alle erst einmal froh. Die Polizei gibt Entwarnung und die Nachbarn atmen auf. Gegen einen 26jährigen Mann wird wegen Urkundenfälschung ermittelt, weil die Kennzeichen am Fahrzeug falsch sind. Vielleicht bekommt er auch noch eine Anzeige wegen groben Unfugs oder Verkehrsgefährdung. Na ja … Hauptsache, es ist noch einmal gutgegangen.

Von asozialen Gorillas

Macht die Straße uns allen zu Gorillas? Oder gilt das nur für einige Exemplare? Wobei man ja den Gorillas nicht zu nahe treten möchte. Kein Affe verhält sich so asozial wie mancher Autofahrer. Da wäre zum Beispiel der Besitzer eines schicken Mercedes Cabriolets, der im Juli auf der A4 bei Olpe im Sauerland unterwegs ist, wie die „WAZ" berichtet. Dort staut sich der Verkehr nach einem Unfall an einem Sonntagmorgen im Juli 2017. Die Autofahrer bilden auch vorbildlich eine breite Rettungsgasse. Die Berichte über das Fehlverhalten bei Unfällen tragen offensichtlich dazu bei, dass die Rettungsfahrzeuge diesmal in der Mitte der Fahrspur freie Bahn haben. Eigentlich. Denn es gibt immer diesen einen Deppen, der ausschert. Dem Klischee entsprechend ist dieser Herr auch noch der Fahrer eines Coupé-Fabrikats aus dem Hause mit dem Stern. In Silber. Er sagt sich wohl: „Super! Ein Stau, und alle lassen extra für mich Platz. Ich wusste es immer: Die Autobahn gehört mir allein." Jedenfalls nutzt der Mann den Freiraum aus und rast an allen Wartenden vorbei. Die ersten zweihundert Meter sind die anderen Autofahrer, die neben ihren Fahrzeugen stehen, wohl noch ganz baff über die Dreistigkeit. Doch dann wird der Rüpel von einigen Wartenden gestoppt. Und wie es immer so ist – der wird dann noch frech. Er sei sich keiner Schuld bewusst und beginnt ein Streitgespräch mit den anderen im Stau Stehenden. Während er die Rettungsgasse blockiert. Der frühere Soldat Matthias G. beobachtet die Situation. Er verfügt über ein bestimmtes Auftreten. Deutliche Worte liegen ihm ein Stück weit im Blut, wie er selbst sagt. Das bekommt der Mercedes-Fahrer jetzt zu spüren. Matthias G. verlässt sein Fahrzeug und schießt ein Foto von Cabrio, das die Rettungsgasse versperrt. „Ich habe ein Foto von Ihnen und werde Sie anzeigen", droht der Ex-Soldat. Das schüchtert den Rowdy endlich ein. Er gibt Diskussion und Blockade auf und reiht sich in die anderen Autos ein. Wenigstens kommt bis dahin noch kein Rettungswagen an. Matthias G. kommentiert: „Mich persönlich hat es betroffen gemacht, dass keine Regung bei dem Fahrer über sein Fehlverhalten zu sehen war." Der „Verstopfer" wird nicht ungeschoren davonkommen. Die Polizei hat mittlerweile die Fotos und Aussagen der Zeugen.

Camping in der Rettungsgasse

Was ist eine Rettungsgasse? Da stelle mer uns erst mal janz dumm: Das ist ein großer, freier Raum auf der Straße. Quasi wie eine Dampfmaschine, nur ohne Kasten. Die deutsche Straßenverkehrsordnung nennt das „freie Gasse": „Sobald Fahrzeuge auf Autobahnen sowie auf Außerortsstraßen mit mindestens zwei Fahrstreifen für eine Richtung mit Schrittgeschwindigkeit fahren oder sich die Fahrzeuge im Stillstand befinden, müssen diese Fahrzeuge für die Durchfahrt von Polizei- und Hilfsfahrzeugen zwischen dem äußerst linken und dem unmittelbar rechts daneben liegenden Fahrstreifen für eine Richtung eine freie Gasse bilden (§ 11 Abs. 2 StVO)." Eigentlich ganz einfach. Sollte man meinen. Die Rettungsgasse ist aber immer wieder Thema in den Medien, oder vielmehr die Nicht-Rettungsgasse.

So wie im September 2017 auf der A5 bei Frankfurt. Dort kommt es zu einem Stau, weil zwei Autos zusammenkrachen. Eines der Fahrzeuge überschlägt sich nach der Kollision. Die Autobahn wird in Richtung Süden gesperrt. Natürlich müssen jetzt Krankenwagen und Polizei durch. Aber was passiert? Einige Fahrer stellen Campingstühle in der Rettungsgasse auf. Andere gehen dort mit ihren Hunden spazieren. Ihre Autos lassen sie unbesetzt zurück. Die Polizei veröffentlicht auf Twitter ein Foto der Lage und kommentiert: „Dreiste Verkehrsteilnehmer erschweren Maßnahmen". Als die Feuerwehr durch die Gasse fährt, schließt sich ein Taxifahrer an, um schneller voranzukommen. Als das Taxi dann für ein weiteres Rettungsfahrzeug Platz machen soll, ist die Gasse zu eng. Ein Mann brettert einem Polizeiauto auf einer geräumten Spur hinterher. Und als wäre all das noch nicht genug, dreht ein 21jähriger Fahrer am Ende des Staus einfach um (auf der Autobahn!) und fährt entgegen der Fahrtrichtung zur nächsten Ausfahrt.

Heinrich Heine schreibt in „Deutschland. Ein Wintermärchen": „Dummheit und Bosheit buhlten hier gleich Hunden auf freier Gasse". Im Prinzip ist es genau das, was sich hier getroffen hat: Dummheit und Bosheit. Nur dass die Gasse gerade nicht frei war. Doch auf solches dumm-boshafte Autofahren gibt es seit Mai 2017 eine neue Antwort. Laut § 323 Abs. 2 StGB wird jetzt mit Freiheitsstrafe bis zu einem Jahr bestraft, wer bei Unglücksfällen, allgemeiner Gefahr oder Not „eine Person behindert, die einem Dritten Hilfe leistet oder leisten will". Campingstühle in der Rettungsgasse sind also aus gutem Grund ein Fall für den Kadi.

Don't Pokemon and drive

Pokémon Go – das verspricht für viele den ganz großen Spaß: die virtuellen Wesen fangen, trainieren, entwickeln und in virtuelle Kämpfe gegen andere Pokémon schicken. Man braucht dafür Smartphone oder Tablet und seine natürliche Umgebung … und ein gehöriges Stück Aufmerksamkeit. Sprich, man sollte tunlichst nicht auf den Verkehr achten müssen, wenn man die Biester jagt. War aber von Beginn an klar, dass es wieder einmal genug Deppen geben wird, die Pokémon auch am Steuer verfolgen. Etwa am 18. Juli 2016 in Baltimore – ein Toyota SUV kracht in einen Wagen, der am Straßenrand parkt. Und zwar nicht in irgendeinen Wagen, sondern in ein Polizeiauto. Glücklicherweise sitzt darin niemand; die Beamten stehen neben ihrem Fahrzeug. Der Pokémon-Jäger steigt aus, immer noch sein Smartphone in der Hand, und kommentiert: „Das kriege ich also dafür, dass ich dieses dumme Spiel spiele!" Tja. Was soll man da noch hinzufügen?

Die Liste von Pokémon-Unfällen ist lang, auch in Deutschland: Mal fährt ein Auto gegen einen Baum („Der stand plötzlich da"), mal wenden laut ADAC Fahrer sogar auf Autobahnen, um eines der kleinen Monster zu erwischen. Wieder andere bleiben mitten auf Landstraßen stehen, weil auf einmal ein Pokémon auf dem Armaturenbrett auftaucht. Auch Motorradfahrer werden von der Polizei gestoppt, weil sie das Spiel auf einem Handy am Lenker verfolgen. In den USA warnen Schilder: „Don't Pokémon and drive!"

Vor diesem Hintergrund ergibt das Jugendwort des Jahres 2015 erst richtig Sinn: „Smombies" – eine Mischung aus „Smartphone" und „Zombies". Der ADAC warnt auch für Deutschland vor den Gefahren von Pokémon-Smombies im Straßenverkehr. Auch kuriose Missverständnisse sind möglich, wie im August 2016 im hessischen Übach-Palenberg. Dort wird die Polizei verständigt, weil ein Audi in der Nacht vor einer Bank hin- und herfährt. Als die Beamten eintreffen, finden sie keine Bankräuber, die den Geldautomaten sprengen wollen, sondern drei begeisterte Pokémon-Spieler.

Die Kleidung muss sowieso runter

An Ort und Stelle wäre auch noch Zeit gewesen … aber vielleicht wollte der Mann partout keine Minute verlieren. Jedenfalls stoppt die saarländische Polizei Anfang April 2016 einen nackten Autofahrer auf seinem Weg ins Bordell. Zwei Beamten in Völklingen an der Saar fällt ein 38jähriger Mann auf, der offensichtlich unbekleidet am Steuer sitzt. Nun ist es streng und für sich genommen keine Ordnungswidrigkeit, nackt Auto zu fahren. Allerdings verbietet es die Straßenverkehrsordnung, andere Autofahrer abzulenken und so den Verkehr mutwillig zu gefährden. Dass der Mann seinen Wagen aber stehen lassen muss, hat einen anderen Grund: Es liegt ja noch in der Natur der Sache, dass der 38jährige keinen Führerschein bei sich trägt – allerdings hat er nicht einmal eine Fahrerlaubnis. Das gibt ein saftiges Strafverfahren. Der Mann muss seinen Weg zu Fuß fortsetzen. Allerdings lassen die Polizisten ihn erst gehen, als er seine Kleidung wieder angezogen hat.

Das Geisterauto von Arlington

Thomas H. aus Arlington im US-Bundesstaat Virginia ist das, was man als einen bodenständigen Mann bezeichnen kann. Spuk, Aberglaube, Gequassel über Außerirdische – alles das ist nichts für ihn. Er glaubt an das, was er sieht.

Und dann sieht er eines Tages etwas, das seine Grundansichten gelinde gesagt ins Schwanken bringt: An diesem Montagmorgen im August 2017 nämlich kreuzt ein silberner Ford Transit seinen Weg. Das an sich wäre noch nichts Ungewöhnliches, vor allem, weil der Wagen vorschriftsgemäß an der roten Ampel hält und ebenso vorschriftsmäßig bei Grün wieder anfährt. Dann sieht Thomas noch, wie das Auto, auch völlig im Einklang mit den gängigen Vorfahrtsregeln, nach links abbiegt. Und weg ist es.

Wie gesagt, alles ganz normal. Abgesehen … ja, abgesehen von der Tatsache, dass in diesem Ford Transit kein Fahrer saß. Der Sitz, das ganze Auto, das da gerade vorbildlich um die Ecke gebogen ist, war menschenleer.

Thomas braucht eine Weile, bis er das Gesehene einordnen kann. Das heißt, eigentlich kann er es gar nicht einordnen. Geister gibt's nicht, an Wesen vom Planet QX101b glaubt er auch nicht. Und Tarnkappen oder –umhänge gehören in die Welt der Sagen oder nach Hogwarts zu Harry Potter und seinen Freunden. Und die Technik der selbstfahrenden Autos ist auch noch nicht so weit fortgeschritten, dass man diese Dinger ohne begleitenden Fahrer auf den Verkehr loslassen würde. Aber wie zum Henker kommt dann dieser Van auf die Straßen von Arlington? Und warum verdammt noch mal muss er ausgerechnet sein, Thomas H.s Weltbild aus den Angeln heben?

Thomas braucht eine kleine Zeit zum Nachdenken, dann beschließt er, den Vorfall für sich zu behalten. Immerhin hat er einen Ruf als handfester Realist zu verlieren.

Umso überraschter ist er, als er einige Tage später in den Regionalnachrichten die Geschichte vom Van ohne Fahrer hört, der immer mehr Menschen Rätsel aufgibt. Sogar ein Video gibt es inzwischen von dem Geisterauto. Tatsächlich: Es fährt, aber niemand sitzt am Steuer.

Und so spukt der Ford weiter durch die Stadt, bis … bis er eines Tages dem Journalisten Adam Tuss über den Weg fährt. Und der wäre kein guter Reporter, würde er der Sache nicht auf den Grund gehen. Er bleibt dicht dran am Mystery-Van und entdeckt einen Fahrer, der vielleicht noch skurriler ist als gar kein Fahrer: Denn hinterm Steuer sitzt doch jemand. Allerdings im täuschend echten Kostüm eines Autositzes! Bei genauem Hinsehen hat der Sitz zwar Hände, die das Lenkrad halten. Aber ansonsten ist es eine einwandfreie Fahrersitzmaskerade. Als der Unbekannte bemerkt, dass sein Geheimnis aufgedeckt ist, hält er sich das erste Mal nicht an die Verkehrsregeln, sondern fährt bei Rot über die Ampel. Keine Lust auf dumme Journalistenfragen.

Und das mit gutem Grund: Denn wie sich herausstellt, stecken hinter der Aktion nicht etwas besonders originelle Witzbolde, sondern Forscher der Technischen Universität von Virginia. Also Wissenschaft statt Mystery-Gag. Die Forscher wollten nämlich – naheliegend bei diesem Experiment –, herausfinden, wie Menschen auf fahrerlose Autos reagieren. Ergebnis: Sie reagieren - erstaunt.

Ausreden von der Insel

Autofahrer liefern kuriose Begründungen, um sicher herauszureden, wenn sie bei Tempo- oder Parksünden erwischt werden. Das hilft zwar am Ende den Delinquenten auch nicht, und zwar weder in England noch in Deutschland. Allerdings ist auf der Insel der Humor eine Spur trockener. Hier sind ein paar Schmankerl aus der britischen Zeitung „The Sun". Und immer dran denken: Lügen ist nicht verboten, wenn man von der Polizei beschuldigt wird. Niemand braucht sich selbst zu belasten. Außerdem können Ausreden auch ein Zeichen von Kreativität sein. So wie diese hier:

- „Es hat geregnet. Ich dachte, ich dürfte überall parken, wenn das Wetter schlecht ist." Hm, ja. Darauf muss man erst mal kommen.
- „Das Radargerät hat nicht mein Auto gemessen, sondern den Jet über mir." Und Superman flog auch noch gerade vorbei.
- „Ich hatte einen Anwohner-Parkausweis auf meinem Armaturenbrett, aber mein Papagei muss ihn herunter geschubst haben." Mein Papagei kann auch nicht mehr so gut lesen.
- „Ich hatte so starken Rückenwind, dass er mich über das Tempolimit hinausgetragen hat." Ich habe auch schon Ärger mit der Flugsicherung bekommen.
- „Ich kann mir nicht helfen. Irgendwer muss mich hypnotisiert haben, falsch zu parken." Wer weiß, welchen Auftrag ich noch hatte. Hoffentlich ist die Oma im Geschäft noch am Leben.
- „Ich musste einen verletzten Hund zum Tierarzt fahren und wollte dem Tier nicht noch mehr Schmerz zufügen, indem ich weiter entfernt parkte." Und den Rollstuhl musste ich ja auch noch schieben.
- „Ich bin ohne Gurt gefahren, weil ich Stripperin bin und der Sicherheitsgurt auf meine Brust-Piercings drückte." Zahlt das Verkehrsministerium etwa meinen Verdienstausfall?
- „Ich bin auf meiner Rückbank eingeschlafen. Der Polizeibeamte hätte mich ja wecken können und bitten, den Wagen wegzusetzen, anstatt mir ein Knöllchen zu verpassen. Aber er hat mich wohl nicht gesehen, weil ich eine Decke über meinem Kopf hat-

te." Ich will allerdings mal nicht so sein und verklage den Beamten nicht.

- „Da schwirrte eine Biene um meinen Kopf herum und ich habe auf Tempo 130 beschleunigt, weil ich dachte, so schnell könne sie nicht fliegen und vom Rücksitzbereich könnte sie mich nicht mehr ablenken." Sie hat dann aber hinten doch ganz schön nervig gequasselt und mich Nerven gekostet.

- „Ich will nicht lügen. Ich hätte es wirklich besser wissen müssen, dass ich hier nicht zu schnell fahren darf, denn erst vorige Woche habe ich an dieser Stelle eine Frau überfahren." Im Kofferraum finden Sie die Schaufel, mit der ich sie verbuddelt habe. Der Grabhügel liegt da hinten.

- „Ich habe gar nicht mitbekommen, dass die Polizei mich anhalten wollte. Tut mir echt leid, dass ich so schnell gefahren bin, aber ich habe ein bisschen zu viel getrunken." Damit ist doch ein bisschen Geschwindigkeitsüberschreitung nicht mehr so schlimm, oder?

- „Meine Schwiegermutter hat so lange auf mich eingeredet, bis ich schneller gefahren bin. Sie sagte, sie würde sonst zu spät zu einem Termin kommen." Und sie sehen so aus, als hätten sie auch so eine Schwiegermutter, habe ich Recht?

- „Mir war bewusst, dass hier Halteverbot war, aber mein Hund musste sich dringend erleichtern." Er hatte es mir auch schon lange gesagt, und jetzt ging es wirklich nicht mehr.

- „Ich konnte das Tempolimit nicht einhalten, weil es mein Auto sonst nicht mehr den Berg hinauf geschafft hätte." Wo ich sonst fahre, geht es immer nur bergab.

Wenn Strafbarkeit auf Dummheit folgt

Wenn die Dummheit schon weh tun müsste, dann kommt es leicht zur Strafbarkeit. Traurig für den Dummen und seine Umwelt, aus sicherer Entfernung aber auch amüsant. Das Verkehrsstrafrecht kennt eine ganze Reihe von Vorschriften. Das beginnt beim unerlaubten Entfernen vom Unfallort (Fahrerflucht). Weiter geht es mit Fahren unter Einfluss von Alkohol, Drogen und Medikamenten. Dann kommen Vollrausch, gefährlicher Eingriff in den Straßenverkehr und Gefährdung des Straßenverkehrs. Fahren ohne Fahrerlaubnis oder Fahren trotz Fahrverbots sind ebenfalls strafbar, genau wie Kennzeichenmissbrauch und Fahren ohne Haftpflichtversicherungsschutz. Schließlich sind da unterlassene Hilfeleistung als Verkehrsteilnehmer und seit Neuestem auch verbotene Kraftfahrzeugrennen. Es ist also einiges zu beachten als Autofahrer. Für die meisten ist das kein Problem, weil es um Selbstverständlichkeiten geht, aber die Vorschriften bestehen ja nicht zum Spaß, sondern weil genug Leute dagegen verstoßen. Tja, und wenn diese Leute dann noch gewisse Defizite im Oberstübchen haben, dann sollte man sich ruhig lustig machen über sie. Hier ein paar schöne Fälle:

Wer ein richtiger Verbrecher sein will, …

… sollte manches nicht tun. Zu den Kardinaltugenden jedes professionellen Diebes sollte auf alle Fälle der Ehrgeiz gehören, sich nicht erwischen zu lassen. Und wenn die Ermittler doch schlauer sind, dann wenigstens, weil man es mit Columbo, Sherlock Holmes und Philip Marlowe in einer Person zu tun hat. Versteckspiel, Täuschungsmanöver und Verfolgungsjagden mit eingeschlossen. Scheitern nach großartigen Stunts. Wenigstens das.

Oder … ja, oder es unterliegt der Dumme dem Nicht-ganz-so-Dummen. Allerdings wollen wir der zuständigen Polizei in den USA gar nicht einmal unterstellen, dass sie nur „nicht ganz so dumm" ist wie ihr Widersacher. Denn weder gehört zu dieser Festnahme viel Spürsinn noch besonders viel Geschicklichkeit.

Das Ganze ist einfach: Melwin P. klaut einen Safe. Allerdings einen ziemlich großen. Und weil die Besitzer des Safes ihm dicht auf den Fersen sind und er keine Zeit mehr hat zu überlegen, wie er das schwere Ding in seinen Kofferraum bekommen soll – bindet er ihn hinten dran! So, mit Diebesbeute hinterm Auto, fährt er scheppernd und klappernd davon. Und direkt an einer Polizeistreife vorbei. Praktisch für die Polizei, ausgesprochen günstig für die Besitzer des Safes und eher nachteilig für Melwin. Denn dem wird nicht nur seine mühsam errungene Beute wieder weggenommen, sondern er hat jetzt auch noch massiven Ärger mit dem Gesetz.

Not rammt Elend

Es gibt einen DDR-Witz, in dem Not und Elend beim Autofahren aufeinandertreffen: Auf der Autobahn wird ein Wagen von Polizisten angehalten. „Herzlichen Glückwunsch, Sie sind der 100.000ste Benutzer dieser Autobahn und haben soeben 1.000 Mark gewonnen … was machen Sie jetzt damit?" „Tja", sagt der Mann am Steuer, „Ich werde damit erst mal meinen Führerschein machen…" – „Glauben Sie Ihm kein Wort", sagt die Frau neben ihm, „er ist völlig besoffen!" Schreit die schwerhörige Oma auf dem Rücksitz: „Wusste ich es doch, dass wir mit dem geklauten Auto nicht weit kommen." In diesem Moment kommt eine Stimme aus dem Kofferraum „Sind wir schon im Westen?!"

Um ein Aufeinandertreffen von Not und Elend geht es auch in dieser wahren Begebenheit vom 13. November 2016 in Berlin-Steglitz: Dort hat ein 24jähriger an einem Sonntagabend auf der A 113 Probleme mit seinem Auto. Er bringt das Fahrzeug zum Stehen, und zwar sinnigerweise auf der rechten Fahrspur. Daraufhin knallt ihm ein 26jähriger Fahrer hinten rein. Die Wucht des Aufpralls ist so heftig, dass beide Autos sich drehen. Eines bleibt entgegen der Fahrtrichtung stehen, eines quer zur Fahrbahn. Für beide Fahrer ist es dumm gelaufen, als die Polizei eintrifft: Der 26jährige Auffahrer hat keine Fahrerlaubnis, und der 24jährige wird per Haftbefehl gesucht. Er wird nach dem Unfall aber liebevoll umsorgt – im Haftkrankenhaus.

Ein weiterer Berliner scheint sich zu denken, dass es noch nicht dumm genug ist, betrunken mit dem Auto die Stadt unsicher zu machen – noch schöner ist es, wenn man es betrunken und ohne Fahrerlaubnis tut. Am 30. März 2017 in Berlin-Marienfelde rammt ein solches Prachtexemplar von Autofahrer acht Wagen bei seiner Suff-Fahrt. Der 25jährige verliert in der Nacht die Kontrolle über seinen Wagen und hinterlässt eine Spur der Verwüstung: Zuerst touchiert er mit seinem Fiat einen VW Lupo und einen Seat und prallt dann gegen einen VW Touran. Durch die Wucht des Aufpralls werden ein weiterer VW Lupo und ein VW Golf zusammengeschoben und sodann noch ein Mazda und ein Renault. Als Finale fährt der Fiat noch weiter und kracht auf der linken Straßenseite in einen Mercedes, der ihn endlich zum Stoppen bringt. Eine Passantin eilt herbei, öffnet die Tür des Fiats und entdeckt den benommen wirkenden Fahrer, der eine stark blutende Platzwunde am Kopf hat. Er rennt los und lässt sein Auto nebst den demolierten anderen zurück. Die Polizei ermittelt schnell die Halteranschrift in der Nähe und trifft den 25jährigen dort auch an, immer noch betrunken. Den Eigentümern der acht gecrashten Autos ist zu wünschen, dass wenigstens eine Haftpflichtversicherung für den Fiat besteht.

Das Geld liegt auf der Straße

Auch wenn ein Sprichwort sagt, dass das Geld auf der Straße liegt, so sagt doch ein anderes, dass Ehrlichkeit am längsten währt. Und auf dieses zweite Sprichwort hätten Richard und Doris aus Kempten im Allgäu besser gehört. Wäre billiger gewesen und entspannter. Die beiden gehen zuerst noch ganz normal einkaufen beim Discounter ihres Vertrauens, im September 2016. Nachher merken sie auf dem Parkplatz, wie ein VW-Fahrer neben ihnen sein Portemonnaie auf dem Wagendach liegen lässt. Hinterher! Aber nicht, um den anderen Fahrer darauf aufmerksam zu machen, weit gefehlt. Die beiden folgen dem anderen, um die Geldbörse einzustecken, wenn sie vom Dach fällt. Der Fahrer vor ihnen fährt allerdings viel zu ruhig, verdammt. Das Geld liegt immer noch da oben. Nach etwas geduldiger Verfolgung biegt der VW aber links ab, und das Portemonnaie rutscht herunter. Richard steigt voll in die Eisen, geblendet vor Gier. Sonst hätte er bemerkt, dass hinter ihm noch ein anderes Auto links abbiegen will, das nun in ihn rein rauscht. Davon wiederum lässt Doris sich gar nicht beirren, sondern springt aus dem Auto und sammelt die Geldbörse ein. Ist ja auch sauer verdient. Dem auffahrenden Autofahrer kommt die Aktion nicht gerade koscher vor. Doris rückt das Portemonnaie erst heraus, als die herbeigerufenen Polizisten sie darauf ansprechen. In der Geldbörse befinden sich genügend Hinweise auf den Eigentümer. Die 55jährige Doris erhält eine Anzeige wegen Unterschlagung.

Ordnung muss sein!

Kevin ist ein gewissenhafter Mensch. Und er hält viel von Recht und Ordnung. Die Polizei ist sein Freund und Helfer, und darum nutzt er sie am 29. Mai 2014 auch, um sicherzustellen, dass nicht alles drunter und drüber geht im Straßenverkehr. Grundsätzlich eine sehr lobenswerte Einstellung. Der 29. Mai 2014 ist nämlich Christi Himmelfahrt und Vatertag, den man im Landkreis Vorpommern-Greifswald auch Herrentag nennt. Da können gewisse Herren schon mal einen über den Durst trinken und sich hinterher ans Steuer setzen. Das will Kevin unbedingt verhindern, soweit es in seiner Macht steht. Der 24jährige marschiert darum spät in der Nacht auf die Polizeiwache in Ueckermünde bei Greifswald. Er macht sich nämlich Sorgen um die Sicherheit im Verkehr, erklärt er dem Beamten. Der versteht nicht gleich, aber dann bittet Kevin konkret um einen Alkoholtest bei sich. Er will nämlich wissen, ob der nach ein paar Bier noch fahrtüchtig ist. Ob er denn noch straffrei fahren kann? Denn das ist ihm wichtig, dass er nicht mit dem Gesetz in Konflikt kommt. Die Bitte ist zwar ungewöhnlich, aber die Polizisten kommen ihr gern nach. Das Ergebnis: Blutalkoholwert = 0,87 Promille. Nein, damit sei er nicht mehr fahrtüchtig, erklärt der Polizist. Er müsse das Auto also stehenlassen und sich ein Taxi nach Hause nehmen. Kevin nickt. Ordnung muss sein! Nur eine Frage noch: Ob er das Telefon auf der Polizeiwache benutzen dürfe? Sein Auto stehe nämlich vor der Wache. Da schauen die Polizisten schon verdutzt. Kevin ist nicht zu Fuß gekommen? Nein, das sei ja viel zu weit von der Kneipe – natürlich mit dem Auto! Und das hat er nun von seiner guten Absicht: Ein Polizeisprecher in Anklam teilt am 2. Juni 2014 mit, dass Kevin 500 Euro Bußgeld zahlen muss und ein Fahrverbot von einem Monat erhält. Ordnung muss sein.

Nimmt man sich in Bayern etwa ein Beispiel an Mecklenburg-Vorpommern? Jedenfalls kann ein Fahrer aus Neu-Ulm Kevins Fall noch toppen: Anfang Februar 2017 fährt Josef dort bei Polizeiinspektion vor und will sich mehrere sichergestellte Gegenstände dort abholen. Der 56jährige tritt ganz schön forsch auf. Die Polizisten bemerken allerdings einen starken Alkoholgeruch bei ihm. Der

Test ergibt knapp zwei Promille in seinem Blut. Josef ist prompt seinen Führerschein los und muss den Heimweg zu Fuß antreten. Außerdem erhält er natürlich eine Anzeige wegen Trunkenheit im Verkehr.

Kein Knutschen im Auto!

Es sind nicht immer nur die Autofahrer, die sich absurd verhalten – manchmal muten auch die Gesetze zum Straßenverkehr skurril an. In manchen Ländern gelten Vorschriften, die für Autofahrer auf der ganzen Welt grotesk klingen. Also angeschnallt und rein ins Vergnügen:

- **Dänemark:** Bevor Autofahrer in diesem schönen Land losfahren, müssen sie den Wagen einem Sicherheitscheck unterziehen. Und das bedeutet genau das: vor jedem Losfahren. Zu überprüfen sind Bremsen, Licht und Lenkung am Wagen. Und das Schönste: Der Fahrer muss auch nachsehen, ob unter dem Auto jemand liegt. Ansonsten darf der Motor nicht angelassen werden.
- **Russland:** Der Gesetzgeber in Moskau mag saubere Autos. Ist ein Auto in Russland zu schmutzig, können Fahrer mit einem Bußgeld bis zu 200 Euro belangt werden. Tipp für Mietwagen-Kunden: Bei der Übernahme sollten Sie auf einem sauberen Auto bestehen. Wie der Staat „schmutzig" definiert, ist allerdings unklar.
- **Italien:** Nix Amore und freie Liebe hier – im kampanischen Örtchen Eboli sollte man im Auto nicht rumknutschen. Ein entsprechendes Gesetz besagt: „Es ist ist verboten, im Auto Küsse und Zärtlichkeiten auszutauschen." Wer trotzdem erwischt wird, muss mit einer Geldstrafe zwischen 50 und 500 Euro rechnen.
- **Deutschland:** Wussten Sie schon? Hier dürfen Fahrer zwar nackt im Wagen sitzen und auch fahren. Denn das Auto gilt als privater Bereich. Aaaber nackt aussteigen dürfen Sie nicht. Kannten Sie diese Regel schon? Wer dagegen verstößt, den erwartet ein Bußgeld von 40 Euro.
- **Thailand:** Niemals „oben ohne". Egal wie heiß es ist. Und das gilt für Herren genauso wie für Damen. Wer mit nacktem Oberkörper hinterm Steuer erwischt wird, zahlt mehrere Hundert Baht (umgerechnet bis zu 8 Euro).
- **Großbritannien:** Auf der Insel weht in vielerlei Hinsicht ein freierer Geist als auf dem Kontinent. In Deutschland ist Urinieren

in der Öffentlichkeit bekanntermaßen verboten. In Großbritannien dagegen nimmt man elementare menschliche Bedürfnisse sehr ernst. Autofahrer haben hier Glück – so sie männlich sind und sich gerade auf einer Landstraße befinden. Dann dürfen die Männer dort ihre Blase erleichtern. Allerdings nur, wenn sie am Straßenrand parken und an den Hinterreifen urinieren. Außerdem muss die rechte Hand beim Verrichten der Notdurft das Auto berühren. Wer die Hand vom Wagen nimmt, zahlt ein Bußgeld, sofern er von der Polizei erwischt wird. Doch Augen auf: Der Polizist, der den Strafzettel ausstellt, muss eine dienstliche Kopfbedeckung tragen, die ihn als staatliche Autorität ausweist. Ohne Polizeimütze darf er keine Knöllchen verteilen.

- **Schweiz:** Immer ganz sachte! In diesem Land hasst man Lärm. Darum ist verboten, seine Autotür zuzuknallen. Auszug aus dem Gesetzestext: „Fahrzeugführer, Mitfahrende und Hilfspersonen dürfen, namentlich in Wohn- und Erholungsgebieten und nachts, keinen vermeidbaren Lärm erzeugen. Untersagt sind (…) das Zuschlagen von Wagentüren, Motorhauben, Kofferdeckeln und dgl." Ebenfalls verboten sind per Gesetz „fortgesetztes unnötiges Herumfahren in Ortschaften" sowie „Störungen durch Radioapparate und andere Tonwiedergabegeräte, die im Fahrzeug eingebaut sind oder mitgeführt werden."

- **USA:** In den Vereinigten Staaten haben die Bundesstaaten ja eine weitgehende Gesetzgebungskompetenz. In mehreren Bundesstaaten gibt es reichlich ungewöhnliche Gesetze für Autofahrer.

  • In **Alabama** etwa ist das Fahren mit verbundenen Augen verboten.

  • In **Colorado** sollten Reisende möglichst keinen schwarz lackierten Mietwagen leihen, da sie mit diesem sonntags nicht fahren dürfen.

  • Ein Gesetz in **Minnesota** verbietet es, einen Gorilla auf dem Autorücksitz zu befördern.

  • In **Oklahoma** dürfen Autofahrer während der Fahrt keine Comics lesen.

  • In **Glendale** (Arizona) ist das Rückwärtsfahren von Fahrzeugen nach Sonnenuntergang verboten.

- In **Coeur d'Alene** in Idaho steht Sex im Auto unter Strafe, wobei auch die Polizisten sich in einem solchen Fall an bestimmte Regeln halten müssen: Erwischen sie „Täter" auf frischer Tat, müssen die Beamten vor der Festnahme hupen und dann drei Minuten warten.
- Bevor in **Cleveland** (Ohio) der Motor angeht, darf nur eine Person auf der Fahrerseite sitzen. Anders gesagt: Während der Fahrt darf keine andere Person auf dem Schoß sitzen.
- In **Cicero** (Illinois) ist es untersagt, sonntags beim Fahren oder beim Verlassen des Autos zu pfeifen.
- In **Milford** (Massachusetts) sollte man sich vergewissern, dass man alle Wertgegenstände mitgenommen hat, bevor man den Wagen verlässt. Hier ist es nämlich verboten, durchs Autofenster zu spähen.
- In **San Francisco** darf man sein Auto nicht mit seiner Unterwäsche polieren.
- In **Tennessee** ist es streng verboten, am Steuer schlafen. Außerdem ist es untersagt, aus dem fahrenden Auto heraus auf Wild zu schießen. (Erlaubt ist hingegen das Bejagen von Walen mit Schusswaffen. Eine wirkliche Alternative ist das für passionierte Jäger allerdings nicht, denn es gibt einen Haken: Tennessee liegt im Landesinneren und besitzt gar keine Küste.) Und in Memphis (ebenfalls Tennessee) steht in einem alten Gesetz noch immer Folgendes geschrieben: Eine Frau darf dort nur Auto fahren, wenn vor dem Wagen ein Mann läuft und dabei eine rote Fahne schwenkt, um so die anderen Verkehrsteilnehmer vor der Gefahr zu warnen.
- **Türkei:** Eine Desinfektionspflicht für Fahrzeuge aller Art besteht an der türkisch-bulgarischen Grenze bei der Einreise aus der Türkei. Wenn Sie mit dem Mietwagen die Grenze passieren, wird zunächst eine Gebühr in Höhe von 3–10 Euro fällig, bevor Sie anschließend durch ein Becken mit Desinfektionslösung fahren müssen.
- **Bosnien-Herzegowina:** Von einer strengen Regelung sind in Bosnien-Herzegowina Führerscheinneulinge unter 23 Jahren betroffen. Wer weniger als ein Jahr im Besitz der Fahrerlaubnis ist und das 23. Lebensjahr noch nicht vollendet hat, darf

zwischen 23 Uhr abends und 5 Uhr morgens nicht hinter das Steuer.

– **Kroatien:** Neben Warndreieck, Verbandskasten und Warnweste darf in Kroatien ein Ersatzglühbirnen-Set für die Front- und Rückscheinwerfer nicht im Auto fehlen. Die Regelung gilt unabhängig davon, ob der Fahrzeugführer überhaupt über das technische Know-how zum Wechseln der Glühbirnen verfügt.

Mein Beifahrer ist Johnny Walker

Es soll ja Menschen geben, die sich unter einer bestimmten Promillegrenze gar nicht erst ans Steuer setzen. Das sagen sie dann immer noch mit einem Augenzwinkern. Hier werden wir wieder Zeuge des Dunning-Kruger-Effekts: Alkohol ist vielleicht für die anderen schädlich, aber ich kann noch! Wie sieht es denn in Wirklichkeit und wissenschaftlich allgemein betrachtet aus? Schon bei einer Blutalkoholkonzentration (BAK) unter 0,2 Promille tritt bei alkoholüberempfindlichen oder –ungewohnten Menschen bereits eine enthemmende Wirkung mit Steigerung der Redseligkeit ein. Gut, das interessiert unsere augenzwinkernden Fahrer noch nicht so – Alkohol sind die gewohnt. Ab 0,3 Promille kommt es generell zu ersten Beeinträchtigungen wie Einschränkung des Sehfelds und Problemen bei der Entfernungseinschätzung. Ab 0,3 Promille steigt damit auch die Unfallhäufigkeit. Ab 0,5 Promille lässt die Reaktionsfähigkeit deutlich nach, insbesondere auf rote Signale (Rotlichtschwäche). Ab 0,8 Promille kommt es zu ersten Gleichgewichtsstörungen. Das Gesichtsfeld ist eingeengt (Tunnelblick). Man ist deutlich enthemmt. Die Wahrscheinlichkeit, in einen Unfall verwickelt zu werden, steigt ab 0,8 Promille rapide und exponentiell an und ist bei 1,5 Promille gegenüber 0,0 Promille extrem hoch (mehr als 25-mal höher). Autofahrer mit einer Blutalkoholkonzentration von mehr als 0,8 Promille haben häufiger Unfälle, an denen nur ihr Fahrzeug beteiligt ist. Ihre Unfälle sind meistens schwerer und folgenreicher als die nüchterner Fahrer. Sie sind etwa zweimal so häufig in schwere Unfälle verwickelt. Tja, was soll man da anderes sagen als „Don't drink and drive."? Jetzt schauen wir mal, wie man es nicht macht:

Was ist schlimmer als Promille am Steuer?

Zu diesem Fall fällt einem nur ein: Pest trifft Cholera. Denn was ist noch schlimmer fürs Fahren als Alkohol? Sehen wir jetzt: Mitte Juli 2017 fällt auf der A 2 bei Helmstedt in Niedersachsen ein Fahrzeug auf. Wobei, auffallen ist noch vorsichtig ausgedrückt. Andere Autos müssen stark abbremsen und ausweichen. Der Auffällige nuckelt nämlich mit 20 bis 30 km/h auf der linken Spur vor sich hin. Der Fahrer reagiert weder auf das Hupen der Braunschweiger Polizei noch auf die Sirene. Stattdessen gerät er mehrfach auf den Grünstreifen in der Mitte der Autobahn, wo er nach rund zwei Kilometern ausrollt. Als die Polizisten an den Wagen treten, finden sie den Fahrer im Tiefschlaf vor. Er schläft nicht nur, sondern ist auch sternhagelblau. Nach mehrmaligem Klopfen gegen die Scheibe wacht der eingeschlafene Trinker schließlich auf und lässt sich Blut abnehmen. Der Alkoholtest ergibt 2,7 Promille. Stolzer Wert. Noch schlimmer als Alkohol beim Fahren: wegen Alkohols beim Fahren einzuschlafen!

Wenn er es unbedingt so will …

Sie kommen nicht allzu oft vor, aber es gibt Autofahrer, die betteln regelrecht um Strafen. Und dann sollen sie sie halt kriegen. Tatort: Ludwigshafen am Rhein. Zwei Polizisten stehen im September 2016 an einer Imbissbude und bestellen ihre abendliche Currywurst. Da nähert sich ein Opel mit offenen Fenstern und dröhnender Musik. Der 26jährige Fahrer grinst die Beamten an, prostet ihnen mit einer Bierdose zu und genehmigt sich dann einen kräftigen Schluck. Feierabendbier. Für so etwas unterbricht man als Polizist seine Pause schon einmal. Die beiden halten den Opel-Fahrer an und bestimmen mal kurz seine Blutalkoholkonzentration. Quasi als Gegengruß. Heraus kommen 0,7 Promille. Das macht ein hübsches Bußgeld. „Einen derart offenen Umgang mit Alkohol am Steuer erlebt man nicht alle Tage", kommentiert die Polizei den Vorfall in ihrer Mitteilung.

James Bond für Anfänger

Jetzt mal angenommen, Sie sind nicht James Bond – würden Sie sich eine Verfolgungsjagd mit der Polizei liefern? Wohl nicht. Solche Jagden sind noch weniger anzuraten, wenn man alkoholisiert ist. Was da alles passieren kann ... überschlagen, zusammenprallen, in einer Brücke feststecken ... Ja, genau: So lautete im Januar 2016 eine Schlagzeile – „Autofahrer bleibt auf der Flucht vor Polizei an Brücke stecken"! Sapperlot! Wie geht das denn? Nun, ein Autofahrer in Ammerbuch in Baden-Württemberg kommt auf die nicht so gloriose Idee, vor einer Polizeikontrolle zu flüchten. Er hat nämlich zu viel getrunken, der Gute. Zusätzlich mag den Trunkenbold motivieren, dass er am Steuer eines Ford Mustang sitzt. Das Baby hat 420 PS unter der Haube, brumm. Also ignoriert der Mann alle Signale der Polizeikontrolle anzuhalten, und der Mustang braust los. Die Polizei sitzt ihm dicht im Nacken. Schließlich kommen sie an die besagte Brücke. Der Überweg ist 1,80 Meter breit und reicht locker für normale PkW, wenn sie in achtsamem Tempo darüberfahren. Dummerweise ist der Mustang 1,90 Meter breit, und sein Fahrer heizt auf die Brücke zu wie ein Geisteskranker. Kurz und gut: Hier endet die Verfolgungsfahrt. Mustang steckengeblieben. Mit wild aufheulendem Motor versucht der Fahrer noch, sich zu befreien und beschädigt dabei den Streifenwagen hinter ihm. Der Rest läuft wie bei Kojak – der Mann wird festgenommen. Der Lappen ist natürlich futsch, und den Schaden an der Brücke muss der Möchtegern-James-Bond auch tragen – rund 10.000 Euro.

Orientierung ist wichtig

„SchulijenSemal – könn'n Se mir saren woisch hier'n näschstn Puff finne?" – Man versteht diesen Satz erst richtig, wenn man die Umstände kennt. Wie sich unschwer erraten lässt, hat der Sprecher ein, zwei Gläschen über den Durst getrunken. Außerdem wird klar, dass er den Weg in ein Etablissement sucht und um Hilfe bittet. Der saarländische Akzent lässt sich bei diesem Alkoholpegel schon nicht mehr wahrnehmen, aber die Geschichte spielt in Saarlouis, im Oktober 2014. Des Nachts sind dort Zivilpolizisten auf einer Streifenfahrt unterwegs. An einer Ampel kurbelt ein Autofahrer neben ihnen das Fenster herunter und stellt die eingangs zitierte Frage. Der Herr sucht ein Bordell und bittet um Orientierungshilfe. Dabei ist das Etablissement nicht das Problem. Prostitution an sich ist nicht illegal. Laut den Polizisten in Zivil ist allerdings „unübersehbar", dass der 28jährige Fragende sich in einem alkoholbedingten Bewusstseinszustand befindet, in dem man kein Auto mehr steuern sollte. Oder anders gesagt: Er ist voll wie eine Strandhaubitze. Darum verwandeln sich die zivilen Polizisten jetzt in ganz offizielle und schalten das Blaulicht ein. Es geht weiter, wie man es erwarten kann: Der Betrunkene gibt Gas und flüchtet. Natürlich kommt er nicht weit und wird gestellt. Die Polizisten entnehmen eine Blutprobe. Der Führerschein ist gleich weg. Sein Ziel kann der Mann an dem Abend vielleicht noch anders erreichen als mit dem Auto.

Mit sympathischem Atem die Fahne verbergen?

In den Nachrichten liest man ja immer von Promillewerten, die Fahrer gehabt haben. Ohne Orientierung weiß man manchmal nicht, wie man die Zahlen einordnen soll. Darum schauen wir uns mal die Leiter des zunehmenden Alkoholpegels an und ihre Auswirkung im Straßenverkehr. Die unterste Sprosse liegt bei 0,3 Promille. Wenn man in diesem Zustand Einschränkungen im Fahrverhalten (sog. Ausfallerscheinungen) zeigt, liegt bereits „relative Fahruntüchtigkeit" vor. Bei 0,5 Promille beginnt die generelle Ordnungswidrigkeit, unabhängig vom Fahrverhalten. Hier wird also jeder wegen relativer Fahruntüchtigkeit belangt. Beim ersten Mal macht das 500 Euro Geldbuße, zwei Punkte in Flensburg und einen Monat Fahrverbot. Ab 1,1 Promille liegt allgemein eine Straftat vor (absolute Fahruntüchtigkeit). Wenn außer der Trunkenheitsfahrt nichts passiert, macht das drei Punkte in Flensburg, eine Geldstrafe und mindestens 6 Monate die Entziehung der Fahrerlaubnis. So – und jetzt kommen wir schon in einen Bereich, der nur durch „ständige Übung" zu erreichen ist, also durch regelmäßigen starken Alkoholkonsum: Ab 1,6 Promille wird die Medizinisch-Psychologische Untersuchung (MPU, „Idiotentest") angeordnet. Für diesen Wert muss man also ordentlich „im Training" sein. Daher hat man im „Idiotentest" einen positiven Eignungsnachweis für eine Wiedererteilung der Fahrerlaubnis zu erbringen. Jetzt dringen wir in den Bereich „jenseits von Gut und Böse" vor, also von Alkoholvergiftung. Ab 2 Promille ist man nur noch vermindert zurechnungsfähig, ab 3 Promille komplett unzurechnungsfähig. Etwa ab hier beginnt auch die letale Alkoholdosis. Ab 3 Promillie setzt das Lähmungsstadium einer Ethanolvergiftung ein. Wer so viel Alkohol zu sich nimmt, bringt das eigene Leben in Gefahr. Bewusst- und Reflexlosigkeit, Gedächtnisverlust und schwache Atmung sind die Symptome. Es drohen Lähmungen, Koma, Atemstillstand und Tod.

Das sei jetzt genug der grauen Theorie. Was ist jetzt also davon zu halten, wenn die Polizei einen Fahrer blasen lässt und das Ergebnis lautet: 5,5 Promille?! So geschieht es im Januar 2016 in Kaiserslautern. Dort lässt die Polizei den 28jährigen Stefan bei einer Routinekontrolle rechts ranfahren. Stefan hat eine ziemlich verwaschene Aussprache, weshalb der Beamte ihn zum Pusten bittet. Das Ergebnis haut dann schon auch die altgedienten Polizisten um – mit dem Wert müsste Stefan bereits zweimal im Koma liegen! Stefan ist selbst vollkommen erschrocken und beichtet den Polizisten, dass er mit Mundwasser versucht hat, seine Fahne zu verbergen. Der Alkohol im Mundwasser hat für die Messung kontraproduktiv gewirkt, denn das Gerät misst den Alkohol im Atem. Innerhalb der nächsten halben Stunde sinkt der Wert auf 1,3 Promille. Damit ist Stefan zwar kein Fall mehr für eine medizinische Fachvorlesung, aber absolut fahruntüchtig und ein Fall für die Staatsanwaltschaft ist er immer noch.

Drei weniger schöne Begegnungen

Warum wird manchen Autofahrern der Führerschein entzogen? Stimmt! Weil sie nicht mehr mit dem Auto fahren sollten! Und warum sollten sie nicht? Stimmt auch wieder! Weil sie vorher etwas getan haben, was die Polizei nicht so gerne mag. Etwa mit 1,8 Promille durch die Stadt zu fahren, statt irgendwo zu sitzen, wo sie keinen größeren Schaden anrichten können. Markus H. aus Zwickau allerdings fand diese Ansicht ziemlich spießig. Vielleicht war seine Grundhaltung zum Thema Autofahren unter Alkoholeinfluss auch eben jenem Alkohol geschuldet. Zumindest fährt er. Mitten durch die Stadt und direkt in die Polizeikontrolle.

Das Ergebnis ist mit zwei Worten beschrieben: Führerschein weg. Aber so ein eingezogener Führerschein muss ja nicht zwangsläufig ein Hinderungsgrund dafür sein, künftig weiter Auto zu fahren. Das findet zumindest Markus. Und er definiert das Wort „künftig" recht zeitnah, nämlich: in den nächsten Minuten. Da nämlich ist die Polizei schon um die übernächste Ecke gebogen. Das Auto aber steht immer noch da. Und Markus fährt. Irgendwie muss er ja schließlich nach Hause kommen. Dummerweise begegnet er auf seinem Heimweg derselben Polizeistreife von vorhin gleich wieder. Und noch dümmererweise hat die Polizei zum Thema „Fahren ohne Führerschein und unter Alkoholeinfluss" einen noch humorloseren Standpunkt. Jetzt hagelt es nämlich obendrein noch eine Anzeige. Markus findet das kleinkariert.

Sei es, dass der Restalkohol und damit auch die Selbstüberschätzung am nächsten Morgen noch nicht völlig abgebaut sind, sei es, weil Markus das Autofahren für sein verbrieftes Grundrecht hält, egal ob mit oder ohne Führerschein. Zumindest hat er am nächsten Morgen ganz dringend etwas zu erledigen. Mit dem Auto. Und zum dritten Mal in weniger als 24 Stunden trifft er seine neuen Freunde von der Polizei. Die sind dieses Mal endgültig völlig humorlos – und kassieren den Autoschlüssel. Das Ergebnis dieser Nacht: drei Mal Polizeikontrolle. Führerschein weg. Anzeige. Autoschlüssel weg. Polizisten können wirklich doof sein.

Von allerhand Rittern

Mit der Rubrik „Betrunken am Steuer" könnte man nicht nur ein einziges Buch, sondern wahrscheinlich ganze Bibliotheksreihen füllen. Und so richtig lustig ist das ja eigentlich auch nicht, wenn jemand im alkoholisierten Zustand Auto fährt. Das findet vermutlich auch die Polizei nicht, wenn sie Autos aus dem Verkehr winkt, weil die Fahrer mit einer Technik auffallen, die … nennen wir es einmal: etwas außerhalb der allgemeinen Regeln liegt.

Wirklich überraschend wird es aber, wenn sie dann auf Angehörige eines Standes stößt, mit dem heute niemand mehr rechnet. So geschehen in Koblenz im Februar 2014. Gut siebenhundert Jahre vorher hätte sich niemand über den Mann gewundert. Dafür hätten die Menschen vermutlich sein Gefährt für den Vorboten der Apokalypse gehalten: Es hat Räder, es ist ein Kasten, es sondert Qualm ab und es macht Krach. Das kann nur ein Abgesandter der Hölle sein.

Heute wissen wir, dass der Weltuntergang bisher nicht stattgefunden hat, und dank Aufklärung und Co. können wir auch ein Auto einwandfrei als eben ein solches identifizieren.

Was aber, wenn im Auto ein – Ritter sitzt? So ein richtiger mit Rüstung und Scharnier und Schwert? Und zwar einer, der den Polizisten einigermaßen angetrunken erschien. Gut, Alkohol kannten auch Artus und seine Freunde schon. Aber sie haben sich damit eben nicht hinters Steuer gesetzt.

Dummerweise nur zeigten sich die Polizisten nach anfänglicher Überraschung ziemlich unbeeindruckt von der Aufmachung des 34jährigen, der im Übrigen auf dem Heimweg von einer Karnevalsveranstaltung war. Ritterrüstung hin oder her, erklärten sie, mittlerweile seien wir im 21. Jahrhundert angekommen, und da gelte nun einem eine klar definierte Promillegrenze. Ergebnis: Alkoholtest und Sicherstellung des Führerscheins.

Nicht wesentlich besser ergeht es Meister Yoda persönlich. Allerdings hatte er sich auch sehr Yoda-untypisch verhalten, als er an einem frühen Morgen des Jahres 2011 in Darmstadt in betrunkenem Zustand einen Fußgänger angefahren hatte und danach geflüchtet war. Der Fußgänger wird zwar glücklicherweise bei dem Vorfall nur leicht verletzt, aber besonders ehrenhaft findet die Polizei die Fahrerflucht trotzdem nicht. Sie forscht den größten aller Yedi-Ritter aus. Und nimmt ihm nach dem Alkoholtest den Führerschein weg. Da hilft es auch nichts, dass Yoda Halloween als Anlass für seine Verkleidung nennen konnte. „Dieses Mal war die Macht nicht mit ihm", kommentiert die Polizei das Geschehen kurz und trocken.

Um Ritter Nr. 3 zu treffen, müssen wir uns nicht gleich bis zu den Sternen begeben, es genügt, einen Ausflug in den US-Bundesstaat Massachusetts zu machen. Dort nämlich hievt sich eines Morgens ein alles andere als nüchterner Jack P. in seinen Wagen. Die Nacht war lang, und allmählich wird's Zeit zum Schlafen. Und zwar sofort! Denn mehr, als den Motor anzulassen, gelingt Jack in seinem Zustand nicht mehr. Er schläft – zum Glück für ihn und alle anderen – ein, der Motor läuft weiter.

Und so findet ihn ein Schutzengel, den er auch später nur unter dem Namen „The drunk knight", der betrunkene Ritter, kennen wird. Der versucht zunächst noch, den völlig erledigten Jack zu wecken. Als ihm das nicht gelingt und er außerdem erkennt, dass es für Jack ohnehin besser ist, in den nächsten Stunden nicht Auto zu fahren, zieht er den Schlüssel aus dem Schloss und versteckt ihn unter einem Atlas auf dem Rücksitz. Zurück bleibt von ihm nur eine Flasche Wasser für den beim Aufwachen sicher ziemlich durstigen Jack. Und ein Zettel. Dort erklärt er zunächst einmal die Situation, verrät dann das Versteck des Schlüssels und verabschiedet sich mit den Worten: „Ich hoffe, du kommst sicher nach Hause. Ich bin nicht dein Held. Ich bin ein stiller Wächter, ein wachsamer Beschützer." Gezeichnet: „Der betrunkene Ritter".

Im Dienst der Abstinenz

„Go for Zero", mit diesem Slogan wirbt in Belgien eine Kampagne für Abstinenz beim Autofahren. Man kann sogar Pullis mit diesem Aufdruck kaufen. Und Mitarbeiter verteilen Infobroschüren. Also alles in Allem eine sehr lobenswerte Aktion. Geworben wird unter anderem dafür, dass beim Kneipen- oder Partybesuch ein Fahrer innerhalb einer Gruppe an diesem Abend auf den Alkohol verzichtet, um die anderen heil nach Hause zu bringen. Wir wissen nicht genau, ob Jean M. ein glühender Anhänger dieser Idee ist. Jedenfalls mag er keine Polizeistreifen. Denn als ihm an diesem Mittag des Silvestertags eine entgegenkommt, macht er gegen alle Verkehrsregeln eine direkte Kehrtwendung und haut ab. Zumindest versucht er es. Wenn er nur schnell genug ist, wird er sich vielleicht denken, dann kriegen die ihn nie!

Tun die aber doch. Und weil die Polizisten erstens so ein Verhalten eigenartig finden und Jean zweitens einen etwas unkoordinierten Eindruck macht, muss er sich einem Alkoholtest unterziehen. Nötig sollte der eigentlich nicht sein, denn Jean trägt einen dieser Null-Promille-Pullis. Und er hat einen ganzen Karton mit Infomaterial auf dem Rücksitz. Was er allerdings auch noch dabei hat: eine Flasche Rotwein und diverse Sechserpackungen Bier. Überdies ergibt der Alkoholtest 3,05 Promille.

Möglich ist es natürlich schon, dass Jean ein glühender Verfechter von Nüchternheit am Steuer ist. Er selber gehört aber zu dem Teil der Freundesgruppe, die sich vorsichtshalber lieber fahren lassen sollte.

Schöner Fahren mit Gesichtsbuch

Was haben wir eigentlich gemacht, bevor es soziale Netzwerke gab? Früher wussten wir nicht einmal, was das ist: „soziale Netzwerke". Wenn wir also früher Dummheiten beim Autofahren begingen, dann blieb uns nichts anderes übrig, als das für uns zu behalten und zu hoffen, dass es keiner an die große Glocke hängt. Aber es war schon immer so: Die Zeiten sind hart, aber modern. Und zur Modernität gehören heute eben YouTube, WhatsApp und Twitter. Und Facebook. Vor allem Facebook. Im Gesichtsbuch findet sich Anfang 2013 der Eintrag: „Drivin drunk ... classic ;) but to whoever's vehicle I hit I am sorry. :P" Das lässt sich in etwa so übersetzen: „Betrunken mit dem Auto unterwegs ... ein Klassiker ;) Tut mir bloß leid für die Leute, deren Autos ich gerammt habe :P" Das zugehörige Konto gehört einem 18jährigen Amerikaner aus Oregon. Nennen wir ihn Edward. Er ist auf Facebook mit 600 Usern „befreundet", die das jetzt alle lesen können. Und mittlerweile ist Edward vielleicht gedämmert, das Facebook-„Freunde" etwas anderes sind als Freunde im richtigen Leben. Die würden einen nämlich nicht so leicht verpfeifen. Bei Facebook tut man das schon. Gottseidank. Kurz nach dem Eintrag steht nämlich die Polizei vor Edwards Tür. Die Beamten deuten auf den verbeulten Wagen, der vor dem Haus parkt, Edwards Wagen. In der Nacht sind der örtlichen Polizei zwei Unfälle mit parkenden Autos und anschließender Fahrerflucht gemeldet worden. Und die bunten Lackspuren an Edwards Auto passen vorzüglich zu den beiden gerammten Fahrzeugen. (Mal abgesehen davon, dass Edi ein paar Fahrzeugteile am Tatort hinterlassen hat.) Die Gesetze in Oregon sind ganz schön happig: Edward wird festgenommen, und ihm drohen eine Haftstrafe bis zu einem Jahr und ein Bußgeld von mehr als 6.000 Dollar. Die Polizei erklärt noch, dass sie die Hinweise von zwei der sogenannten Facebook-Freunde Edwards erhalten hat. Sie haben den Eintrag über die Trunkenheitsfahrt einfach an die Beamten weitergeleitet. Die Gesetzeshüter stellen in einer Pressemitteilung klar, dass sie eine starke Präsenz in den sozialen Netzwerken haben. Allen Nutzern von Facebook geben sie noch einen grundlegenden Ratschlag: „Wenn ihr dort etwas schreibt, dann rechnet damit, dass es nicht lange privat bleibt."

Kommt ein Kölsches Brauereipferd
in die Kneipe

Verkehrsgerichte verhandeln mitunter kuriose Fälle. Ein Klassiker ist ein Urteil des Kölner Richters Eugen Menken. Er ist für seine humoristischen Urteilsbegründungen bekannt. Darunter auch das bekannte Brauereipferd-Urteil aus dem Jahre 1984. Darin geht es um das Pferd einer Brauerei, das eine Beule in ein Auto tritt, während das Fuhrwerk vor einer Kneipe steht. Im Urteil rügt der Richter den Kutscher: Er habe seine Aufsichtspflicht verletzt, als er in eine Kneipe ging, um sich aufzuwärmen. „Es hätte genügt, wenn er die Pferde mit an die Theke genommen hätte, wo sie sich als echte Kölsche Brauereipferde sicherlich wohler gefühlt hätten als draußen im Regen." Die Brauerei wird zu 1.950 Mark Schadenersatz verurteilt.

Hier noch eine Auswahl weiterer bizarrer Fälle im Verkehrsrecht:

– Bayerischer Verwaltungsgerichtshof, München: Kurzformel – ein gefälschter Führerschein ist in Deutschland gültig. 2008 besorgt sich eine Frau aus Niederbayern einen gefälschten Führerschein auf den Philippinen. Sie gibt einen Scheinwohnsitz in Ungarn an und lässt sich das Dokument wenig später von den dortigen Behörden umschreiben. Anfang 2010 bemerken die deutschen Behörden den Schwindel. Das Landratsamt Passau erlässt ein Fahrverbot gegen die Frau. Dagegen wehrt sie sich mit der Klage – mit Erfolg. Der Bayerische Verwaltungsgerichtshof urteilt am 3. Mai 2011, dass der Führerschein in Deutschland anerkannt werden muss, weil nur die ausstellende Behörden in Ungarn das Dokument für ungültig erklären können.
– Amtsgericht Leipzig: Kurzformel – Schrittgeschwindigkeit liegt bei 15 km/h. Die Schrittgeschwindigkeit ist immer wieder Gegenstand von Verhandlungen. Kein Wunder, denn sie gilt ja in Spielstraßen, wo sich die lieben Kleinen aufhalten. Der Begriff ist recht dehnbar. Das Amtsgericht Leipzig definiert 2005 die Schrittgeschwindigkeit mit 15 km/h. Die Begründung ist kurios: Das Tempo gelte auch für Fahrradfahrer. Und wenn die langsamer unterwegs seien, bestehe die Gefahr einen Sturzes.

– Oberlandesgericht Zweibrücken: Kurzformel – schöner rasen mit Diarrhoe. Ein Autofahrer leidet unter Durchfall. Er sitzt am Steuer, als es gerade wirklich dringend ist. Um möglichst schnell den nächsten Parkplatz mit angeschlossener Toilette zu erreichen, fährt er 50 km/h zu schnell (außerorts). Dafür wird er 1996 zu einem einmonatigen Fahrverbot und einem Bußgeld i. H. v. 200 D-Mark verurteilt. Denn so ein Geschäft sei notfalls auch während der Fahrt zu erledigen, meint das Amtsgericht Grünstadt. Dagegen legt der Autofahrer Berufung ein. In diesem pikanten Fall heben die Richter am Oberlandesgericht das Urteil der Vorinstanz auf und ordnen eine neue Verhandlung an. Es müsse abgewogen werden zwischen dem Schamgefühl des Betroffenen (er war nicht allein an Bord) und der Sicherheit im Straßenverkehr. Das Amtsgericht muss prüfen, ob der Mann sich nur durch die Geschwindigkeitsübertretung aus seiner misslichen Lage befreien konnte. Wie der Fall schließlich ausgeht, ist leider nicht dokumentiert. Das Amtsgericht Grünstadt kann keine Auskunft erteilen.

– Oberlandesgericht Karlsruhe: Dieser Fall geistert eine Weile mit der Kurzformel durch die Medien: „betrunken und Führerschein behalten". Was ist passiert? Das Landgericht Karlsruhe entzieht einem Mann die Fahrerlaubnis und verurteilt ihn zu einer Geldstrafe von 900 Euro, weil er im Oktober 2003 mit 1,75 Promille Restalkohol im Blut am Steuer eines Autos erwischt wird. Allerdings wird der Mann nicht während der Fahrt ertappt. Vielmehr schläft er bei laufendem Motor in seinem stehenden Auto. Daher hebt das Oberlandesgericht Karlsruhe die Entscheidung des Landgerichts auf. Es sei nämlich nicht zweifelsfrei zu belegen, wann die Trunkenheitsfahrt begonnen habe. Folglich sei nicht auszuschließen, dass der Mann während der Fahrt einen noch viel höheren Alkoholpegel gehabt habe. Die Blutalkoholkonzentration könne über 3,75 Promille betragen haben. Dann wäre er schuldunfähig gewesen. Davon ist zu seinen Gunsten auszugehen.

– Landgericht Coburg: Kurzformel – nicht kaufen, stehlen! In Oberfranken will ein Mann seinen knapp ein Jahr alten VW Golf verkaufen. Bei der Wahl eines potentiellen Käufers hat er Pech:

Verkäufer und Interessent vereinbaren eine Probefahrt. Dabei folgt der Verkäufer seinem Golf in einem Mercedes E-Klasse, den ihm der Interessent zur Verfügung gestellt hat. Der Mercedes ist allerdings gestohlen, und der „Interessent" fährt mit dem Golf davon, ohne dass der Verkäufer folgen kann. Der geprellte Ex-Golf-Fahrer will seinen Schaden nun von der Kasko-Versicherung erstattet bekommen. Die weigert sich aber und bekommt 2007 Recht vor dem Landgericht Coburg: Der Verkäufer habe grob fahrlässig gehandelt. Für die Probefahrt hätte er sich in den Golf setzen sollen. Außerdem lagen im Golf der Fahrzeugbrief und ein Reserveschlüssel.

– Landgericht Coburg: Kurzformel – Fahrer, kenne deinen Kilometerstand! Dass Diebe seinen Wagen geklaut haben, ist für einen Mann aus Coburg nicht schon Strafe genug. Er geht nämlich davon aus, dass seine Kaskoversicherung ihm den Schaden ersetzen wird, aber weit gefehlt. Wer sein gestohlenes Fahrzeug ersetzt bekommen möchte, sollte nämlich immer den korrekten Kilometerstand kennen. So entscheidet das Landgericht Coburg im März 2007. Der bestohlene Autofahrer nennt seiner Assekuranz einen Tachostand von „circa 130.000 Kilometern". Die Versicherung findet allerdings heraus, dass der Zähler bereits ein halbes Jahr zuvor bei einem Stand von eben 130.000 Kilometer ausgewechselt wurde. Darum lehnt sie die Schadensregulierung ab. Vor Gericht stellt sich heraus, dass der Versicherte nach dem Austausch des Tachos noch mindestens 13.680 Kilometer gefahren sein muss. Das sind: 130.000 Kilometer + 10,5 Prozent. Ein Circa-Wert darf aber höchstens 10 Prozent von der tatsächlichen Laufleistung abweichen. Das Landgericht wertet das als Falschangabe. In diesem Fall geht das Diebstahlopfer also leer aus. Die Versicherung muss nicht zahlen.

– Oberlandesgericht Hamm: Kurzformel – Autofahrer haftet nicht für Tod von Hühnern. 1996 kommt es vor dem Oberlandesgericht Hamm zu einem reichlich kuriosen Fall: Ein Autofahrer parkt seinen Wagen in der Nähe eines Hühnerstalls und schlägt dann die Tür zu. Das Geräusch versetzt die Tiere in Panik. 143 Vögel sterben. Der Bauer verklagt daraufhin den Autofahrer auf Schadensersatz. Das Gericht weist die Klage ab, weil die Empfindlichkeit der Hühner mit der Haltung in den engen Ställen zusammenhänge. Dieses Risiko trage der Tierhalter.

– Oberlandesgericht Karlsruhe: Kurzformel – Autofahrer haftet, wenn Mitfahrer aus dem Fenster fällt. Wie heißt es so schön bei den Grundregeln in § 1 Abs. 2 StVO: „Wer am Verkehr teilnimmt hat sich so zu verhalten, dass kein Anderer geschädigt, gefährdet oder mehr, als nach den Umständen unvermeidbar, behindert oder belästigt wird." – „Kein Anderer", das sind auch Mitfahrer im eigenen Auto. 1998 entscheidet das Oberlandesgericht Karlsruhe einen Fall, in dem sich ein Mitfahrer im Fond eines Autos so weit aus dem Fenster lehnt, dass er aus dem Fenster stürzt. Er zieht sich schwere Verletzungen zu. Dafür haftet der Chauffeur zur Hälfte, meint das Gericht und spricht dem Mitfahrer ein Schmerzensgeld von 50 Prozent zu. Der Fahrer hätte nämlich durchaus etwas von den Vorgängen hinter sich im Fond mitbekommen müssen, etwa indem er in den Rückspiegel schaut.

– Amtsgericht München: Kurzformel – mit Recht vor links. Tatort ist der Kundenparkplatz eines Münchner Supermarkts. Dort ereignet sich im Jahr 2006 folgender Unfall: Ein Opel kommt von links und kollidiert mit einem Mercedes. Was haben wir zur Vorfahrt alle gelernt? Rechts vor links natürlich – der Opel ist schuld! Deshalb verklagt die Mercedes-Fahrerin die Opel-Fahrerin auf Schadensersatz von über 2.000 Euro. Klarer Fall, sollte man meinen. Allerdings gilt die „rechts vor links"-Regel gar nicht auf Parkplätzen. Stattdessen gilt dort § 1 Abs. 1 StVO: „Die Teilnahme am Straßenverkehr erfordert ständige Vorsicht und gegenseitige Rücksicht." Das heißt: Alle Beteiligten müssen so langsam fahren, dass sie jederzeit vollständig abbremsen können. Somit sind beide Unfallbeteiligten schuld, und der Schaden wird geteilt.

– Oberlandesgericht Karlsruhe: Kurzformel – Mitfahrer haftet für Trunkenheit des Fahrers. Alkohol am Steuer führt zu Konsequenzen, nicht nur für den Fahrer, sondern gegebenenfalls auch für den Passagier. Wenn man nämlich wissentlich zu einem alkoholisierten Fahrer ins Auto steigt und es zu einem Schaden kommt, trägt der Mitfahrer einen Teil davon. So entscheidet das Oberlandesgericht Karlsruhe im Jahr 2008. Zwei Bekannte verunglücken auf dem Nachhauseweg von einem Volksfest auf der A7. Der Chauffeur ist stark alkoholisiert und fährt rechts gegen die Leitplanke. Sein schlafender, nicht angeschnallter Beifahrer wird verletzt. Ein Drittel seines Schadens muss er selbst tragen. Dass er selbst betrunken ist und deshalb den Gurt nicht angelegt hat, sei kein mildernder Umstand. Wer sich durch Alkoholkonsum in eine Lage versetze, in der er nicht mehr die zum Selbstschutz erforderliche Einsichtsfähigkeit hat, handele fahrlässig - auch als Beifahrer.

– Amtsgericht Rostock: Kurzformel – schöner schimpfen ohne Folgen. Schimpfen kann etwas ausgesprochen Kreatives sein. Da wäre zum Beispiel der Ausdruck „Parkplatzschwein". Wenn man diesen Begriff in den passenden Kontext setzt – ein Autofahrer blockiert einen Behindertenparkplatz -, ist der Kraftausdruck legitim und juristisch vertretbar. So entscheidet das Amtsgericht Rostock im Juli 2012. Damit bringe man keine persönliche Beleidigung durch die negativen Eigenschaften eines Schweins zum Ausdruck, sondern einen Hinweis auf egoistisches Verhalten. Im konkreten Fall hat ein Mann das Foto eines Geldtransporters ins Internet gestellt, der auf einem Behindertenparkplatz steht. Vorher hat er an die Windschutzscheibe einen Zettel mit der Aufschrift „Parkplatzschwein" geheftet. Diese Bezeichnung geht durch. Die Beschimpfung als „blödes Schwein" kann dagegen 500 Euro Strafe kosten.

– Amtsgericht Solingen: Kurzformel – Tankfüllung gehört zum Unfallschaden. Die allgemeine Regel lautet: Wer Schadensersatz zu leisten hat, muss den Geschädigten so stellen, als ob das schädigende Ereignis nicht eingetreten wäre. Das umfasst bei Verkehrsunfällen auch die Tankfüllung, sagt das Amtsgericht Solingen im Juni 2013. Sprit kostet halt auch Geld und ist damit ein Schadensposten. In Solingen fordert der Kläger nach einem Crash von der Haftpflichtversicherung unter anderem auch die Bezahlung des Tankinhalts von 77 Euro. Die Versicherung weigert sich und argumentiert, der Geschädigte hätte den Kraftstoff aus dem demolierten Auto abpumpen können. Das Amtsgericht stellt dem entgegen, dass das Abpumpen dem Geschädigten Kosten verursacht hätte. „Es kann dem Kläger als Privatperson auch nicht zugemutet werden, dass er einen entsprechenden Vorgang organisiert", heißt es im Urteil. Daher ist der Kläger in Geld zu entschädigen.

Flensburg ist eine schöne Stadt

Wenn man beim Autofahren Mist baut, dann haben die Konsequenzen in Deutschland einen Städtenamen: Flensburg. Dort sitzt das Kraftfahrt-Bundesamt. Es ist für den Straßenverkehr zuständig und untersteht dem Bundesministerium für Verkehr und digitale Infrastruktur. Beim KBA arbeiten rund 900 Menschen. Die machen zum einen so harmlose Sachen, wie Typengenehmigungen und Allgemeine Betriebserlaubnisse für Kraftfahrzeuge zu erteilen. Bekannter sind sie in der Allgemeinheit dadurch, dass in Flensburg ein paar Register sitzen: das Fahreignungsregister (die Verkehrssünderdatei), das Zentrale Fahrzeugregister, das Zentrale Fahrerlaubnisregister, das Zentrale Kontrollgerätkartenregister und das Zentrale Verkehrs-Informationssystem (Halterdatei). „Flensburg" stellt gespeicherte Daten aus dem Fahreignungsregister (eben der Verkehrssünderkartei) den Gerichten und Staatsanwaltschaften zur Verfügung, außerdem den Bußgeld- und Fahrerlaubnisbehörden, der Polizei, dem Zoll und der Zentralen Militärkraftfahrtstelle. Und genau dafür ist das Flensburger Kraftfahrt-Bundesamt auch recht gefürchtet. „Punkte in Flensburg" – schon der Gedanke treibt manchem Autofahrer Schweißperlen auf die Stirn, je nachdem, wie viele er bereits hat. Nach aktuellem Punktsystem gibt es 8 Punkte zu vergeben. Bis zu 3 Punkten bleibt es als Maßnahme bei einer Vormerkung. Bei 4 und 5 Punkten folgt eine schriftliche Ermahnung. 6 und 7 Punkte bedeuten eine Verwarnung, und bei 8 Punkten ist der Lappen weg oder genauer: Die Fahrerlaubnis wird entzogen. Die Beamten haben gut zu tun und erledigen das auch recht gründlich. Hier ein paar Beispiele dafür, womit sich „die Flensburger" oder ihre Kollegen in anderen Ländern so beschäftigen.

Der schnellste Weg zum Fast-Food-Restaurant

Kreativ zu sein, wird ja im Allgemeinen als große Tugend geschildert. Denn damit verbindet man Dinge wie Ideenreichtum und Originalität. Stimmt schon. Allerdings sollte sich zur Kreativität immer noch eine weitere Eigenschaft gesellen, und die nennt sich „Intelligenz".

Ersteres, nämlich Kreativität, kann man James P. und seinem Freund Larry K. nicht einmal absprechen. Letzteres schon.

Es geht da nämlich um diesen einen Abend im August 2017. James und Harry sitzen in der britischen Stadt Harrogate in der Bar. Da sitzen sie schon ziemlich lange und haben ihren Spaß. Doch diese spezielle Bar bietet zwar jede Menge Alkohol, aber nichts Essbares an. Und wenn doch, dann zumindest nichts, worauf James und Harry an diesem Abend Hunger haben. Sie wollen nämlich einen Hamburger. Einen von McDonald's, um genau zu sein.

Bis hierher ist das durchaus nachvollziehbar, fast jeder hat ab und zu dieses ganz besondere Bedürfnis nach Hackfleisch in Brötchen à la Schnellrestaurant. Und auch bei James und Harry spricht nichts gegen den nächtlichen Snack. Nichts außer der Art, den Weg von Bar zu Burgerkette zurückzulegen. Denn James fährt Auto und Harry fährt – Rollstuhl. Und auch das wäre an sich noch absolut in Ordnung. Würden die beiden nur das Wort „fahren" im Zusammenhang mit dem Rollstuhl nicht ganz so eigenwillig auslegen. Denn James sitzt im Auto. Und Harry sitzt im Rollstuhl. Hinter dem Auto. Und zwar direkt hinter dem Auto. Den Rollstuhl zusammenzulegen und für die Strecke bis zu McDonalds in James Auto zu legen, finden die beiden Freunde an diesem Abend allem Anschein nach zu mühsam. Und so entscheiden sie sich für ein zwar kreatives, aber nicht sonderlich gesetzeskonformes Alternativmodell: James sitzt vorne im Auto, und Harry hinten im Rollstuhl. Und damit die Fahrt einigermaßen schnell geht, hält er sich mit den Händen am Heck des Hyundais fest und lässt sich ziehen.

Mag sein, dass die Polizei das selber auch kreativ findet. Vor allem aber findet sie es gesetzeswidrig: zwei Jahre Führerscheinentzug, 200 Sozialstunden und 170 britische Pfund Bußgeld für James, 214 Pfund Bußgeld für Harry.

Schon mal im Voraus?

„Spare in der Zeit, dann hast du in der Not", sagt ein Sprichwort. Ob der Gedanke hinter diesem Fall steckt? Ist ja ein ulkig-interessanter Gedanke, sich ein Polster bei der Staatskasse aufzubauen für künftige Verfehlungen … Jedenfalls erhält die Dortmunder Polizei jeden Monat Geld, das sie nicht haben will. Und das nervt die Polizei auch. Ist das etwa die Absicht des Urhebers? Alles beginnt mit einem Strafzettel, den die Beamten im Januar 2016 einem 33jährigen Autofahrer ausstellen, der ohne Sicherheitsgurt unterwegs ist. Das Verwarnungsgeld beträgt 30 Euro. Die Summe trifft auch vorbildlich und zügig auf dem Konto der Polizei ein. Ein Freund hat für den 33jährigen überwiesen. Damit ist die Sache eigentlich gegessen. Allerdings hat der Freund einen Dauerauftrag eingerichtet. Dieser Dauerauftrag läuft. Das ganze Jahr. Frühling, Sommer, Herbst und Winter. Und dann weiter im nächsten Jahr. „Pünktlich am 22. jeden Monats erreichen uns somit 30 Euro", schreibt die Polizei bei Facebook. Zum Zeitpunkt des Postings sind 420 Euro eingegangen. Man habe versucht, den Auftrag bei der Bank einzustellen, aber das sei gescheitert. Der Gurtmuffel und sein Freund seien nämlich unbekannt verzogen.

Warnen ohne Warndreieck

Es ist Freitag, ein schöner, warmer Tag im Mai, die Sonne scheint, und Martin P. aus Magdeburg hat gute Laune. Er ist auf dem Weg zum See, ein paar Kilometer außerhalb der Stadt. Im Radio läuft gerade eines seiner Lieblingslieder. Aber dann, auf einmal, mischt sich unter die Melodie aus den Lautsprechern ein anderes Geräusch. Klingt nicht so schön, dieses Geräusch. Eigentlich sogar überhaupt nicht schön. Genaugenommen hört sich das, was sich da unter die Musik mischt, an, als sei mit dem Motor seines Autos etwas nicht, wie es sein sollte. Martin P. ist ein verantwortungsbewusster Fahrer. Ehe er mit einem Motorengeräusch, das besser nicht da wäre, auf der Autobahn einfach so weiterfährt, hält er lieber an. Das ist auch ganz gut so, denn das erste Lämpchen beginnt nun auch zu blinken.

Martin fährt auf den Pannenstreifen, bringt sein Auto vorsichtig und langsam zum Stehen. Und weil er eben verantwortungsbewusst ist, fällt ihm als Nächstes ein, dass er ja die anderen Autofahrer in irgendeiner Weise darüber informieren muss, dass mit seinem Auto etwas nicht stimmt und er nicht einfach nur so aus Spaß den Seitenstreifen blockiert. Das Warndreieck! Richtig, für solche Fälle hat man ein Warndreieck im Auto. Das stellt man auf, und dann wissen alle Bescheid. Martin P. steigt also aus. Zuerst schaut er auf und unter allen Sitzen nach dem Dreieck. Nichts. Dann öffnet er den Kofferraum und findet auch hier– nichts. Das heißt, so ganz stimmt das nicht. Denn er findet einen Gemüsekorb voller ursprünglich einmal frischem Gemüse, das er nur leider gestern vergessen hatte, mit in die Wohnung zu nehmen. Aber: Ganz oben auf dem nicht mehr so besonders knackigen Gemüse liegen ein paar Paprika. Nicht die grünen, auch nicht die gelben oder die orangefarbenen. Sondern die in dem leuchtend hellen Signalrot.

Man könnte jetzt natürlich einwenden, dass so ein Warndreieck „Dreieck" heißt, weil es dreieckig und keineswegs oval ist. Es ist auch größer als ein paar ehemals frische Paprika vom Markt. Und es hat in der Mitte eine ziemlich große weiße Fläche. Aber umrandet ist diese weiße Fläche eben von einem roten Streifen. Und Rot hat Martin P.!

Er nimmt also die Paprika, auf dem Rücksitz findet er außerdem eine durchsichtige Plastikschüssel, in der seine Kinder vor ein paar Tagen Steine gesammelt hatten. Die müssen jetzt vorübergehend raus aus der Schüssel. Die Paprika müssen rein.

Dann stellt er die Schüssel im notwendigen Abstand zu seinem Auto auf. Und jetzt, wo der Wagen ordnungsgemäß gesichert ist, ruft er den ADAC. Aber noch bevor die Mitarbeiter bei ihm sind, hält ein anderes Auto. Es ist weiß und grün und wird von denen gefahren, die mehr von richtigen Warndreiecken als von improvisierten Paprika-Warnschüsseln halten.

So ganz wenig halten sie von letzteren allerdings auch nicht. Denn die Polizei weist Martin P. zwar nachdrücklich darauf hin, dass er verpflichtet sei, ein Warndreieck im Auto zu haben. Andererseits können sie der Paprikasammlung doch eine gewisse Kreativität abgewinnen. Und immerhin: Gewarnt hat Martin ja. Er kommt mit einer Ermahnung davon. Und mit einem Gratis-Foto auf Twitter.

Einer? Hunderte!

Geschichten rund um das Auto und ihre Fahrer laden immer
wieder zu Witzen ein. Hier eine Auswahl:

Wie nennt man höfliche Autofahrer?
Geisterfahrer - sie sind immer so entgegenkommend!

Im dichten Nebel fährt ein Autofahrer immer hinter
den Rücklichtern seines Vordermannes her.
Plötzlich bremst der Vordermann, und es rumst.
„Was fällt Ihnen denn ein, ohne Grund zu bremsen?"
„Ganz einfach. Ich bin zu Hause und stehe in meiner Garage!"

„Ihr Wagen ist völlig überladen! Ich muss ihnen leider den
Führerschein abnehmen", sagt der Polizist zu einem Autofahrer.
„Aber das ist doch lächerlich. Der Führerschein wiegt doch
höchstens 50 Gramm!"

Ein Autofahrer hört aus dem Radio:
„Ein Geisterfahrer auf der A7!"
Sagt der Fahrer: „Was? Einer? Hunderte!"

Vor einer Schule ist für die Autofahrer ein Warnzeichen
angebracht: „Überfahren Sie die Schulkinder nicht!"
Darunter steht: „Warten Sie lieber auf die Lehrer!"

Polizeihauptmann Nobel stoppt einen offensichtlich
stark angetrunkenen Autofahrer.
„Mein Herr, Sie sind Schlangenlinien gefahren.
Stellen Sie sich freiwillig einem Alkoholtest?"
„Aber sicher, Herr Wachtmeister, in welcher Kneipe
fangen wir an?"

Polizist: „In Ihrem Zustand heißt die Devise:
Hände weg vom Steuer!"
Betrunkener Autofahrer: „Was, wenn ich blau bin,
soll ich auch noch freihändig fahren?"

Steht ein Autofahrer wegen Geschwindigkeitsüberschreitung
vor Gericht. Richter: „Soso, sie behaupten also,
Sie seien nicht zu schnell gefahren.
Wie wollen Sie das denn beweisen?"
Angeklagter: „Ganz einfach: Ich war auf dem Weg
zu meiner Schwiegermutter."

Ein Mann mit einem Glasauge hat den sehnlichen Wunsch,
wieder auf beiden Augen sehen zu können. Der Chirurg macht
ihm große Hoffnungen: „Das lässt sich beim heutigen Stand
der Medizin durchaus bewerkstelligen. Sie müssen nur noch
einen Spender ausfindig machen, der Ihnen ein Auge opfert."
Auf der Nachhausefahrt wird der Einäugige von einem
rasanten Autofahrer überholt. Drei Kurven weiter knallt
der schnelle Wagen gegen einen Baum, das Auto ist nur noch
ein rauchender Trümmerhaufen. Der Fahrer ist tot.
Blitzschnell erkennt der Einäugige seine Chance, zu einem
neuen Auge zu kommen. Er zückt sein Taschenmesser,
ein Schnitt, dem armen Verunglückten wird das überflüssige
Glasauge verpasst - und nichts wie zurück in die Klinik.
Dort klappt auch die Transplantation zu aller Zufriedenheit.
Am nächsten Tag wird der Verband entfernt, und glücklich,
wieder auf beiden Augen zu sehen, greift der Patient
zur Zeitung. Als erstes liest er die Schlagzeile des Tages:
„Polizei steht vor einem Rätsel. Sportwagenfahrer mit zwei
Glasaugen tödlich verunglückt ..."

Fragt der Polizist bei der Fahrzeugkontrolle:
„Haben Sie vielleicht noch Restalkohol?"
Antwortet der Fahrer entrüstet:
„Was? Zum Schnorren haltet Ihr einfach Autos an?"

Zwei Rocker in Motorradkleidung kommen in eine Raststätte und schütten einem Fernfahrer die Suppe über den Kopf. Dieser zahlt ruhig, steht auf und geht raus.
„Was ist denn das für ein Idiot?", fragt einer der Rocker.
„Und Autofahren kann er auch nicht", entgegnet der Wirt, „eben hat er beim zurücksetzen zwei Motorräder zerquetscht!"

Ein Mann fährt im Auto nach Hause. Plötzlich sieht er auf der Straße eine blaue Gestalt sehen, die ihn durch winken auf sich aufmerksam macht. Der Mann hält an und kurbelt das Fenster runter. „Was willst du", fragt er die blaue Gestalt. Diese erwidert: „Ich bin der kleine schwule blaue Zwerg, und ich habe Hunger." Der Mann schaut etwas verwirrt, gibt dem blauen Kerl dann aber ein Stück Brot, welches von seinem Arbeitstag übrig ist. Der Zwerg erwidert schroff: „Her damit!" und zieht von dannen. Verwundert fährt der Mann weiter.
Nach einer Weile macht wieder eine Gestalt auf sich aufmerksam. Diese ist allerdings rot. Der Mann hält wiederum an und kurbelt das Fenster runter. „Was willst du von mir?", fragt er die Gestalt. Diese erwidert: „Ich bin der kleine schwule rote Zwerg und ich habe Durst!"
Der Mann ist etwas aufgebracht, beherrscht sich jedoch und gibt der Gestalt eine Cola-Dose die auf dem Rücksitz liegt. Wieder reißt der Zwerg ihm die Dose aus der Hand und verschwindet ohne ein Dankeschön.
Wütend fährt der Mann weiter, als eine weitere, diesmal grüne Gestalt am Straßenrand winkt.
Der Mann fährt an den Straßenrand, hält an, kurbelt das Fenster herunter und schreit die Gestalt an:
„Und was willst du jetzt du kleiner grüner schwuler Zwerg?"
Dieser erwidert: „Führerschein und Fahrzeugpapiere bitte."

Der Geisterfahrer zum Polizisten:
„Was heißt hier falsche Richtung?
Sie wissen doch gar nicht wo ich hin will!"

Ein Taxi-Passagier tippt dem Fahrer auf die Schulter,
um etwas zu fragen. Der Fahrer schreit laut auf,
verliert die Kontrolle über den Wagen, verfehlt knapp
einen Bus, schießt über den Gehsteig und kommt
nur wenige Zentimeter vor einem Schaufenster
zum Stehen. Für ein paar Sekunden ist alles still,
dann sagt der Taxifahrer: „Bitte machen Sie das nie,
nie wieder! Sie haben mich zu Tode erschreckt."
Der Kunde entschuldigt sich, „Ich konnte nicht ahnen,
dass sie wegen eines Schultertippens gleich
dermaßen erschrecken."
„Ist ja auch nicht wirklich Ihr Fehler", meint der Fahrer.
„Heute ist mein erster Tag als Taxifahrer.
Die letzten 25 Jahre fuhr ich einen Leichenwagen."

Eine Blondine fährt gemütlich in ihrem Mercedes.
Plötzlich streift sie einen LKW und fährt einfach weiter.
Der LKW-Fahrer ist empört und zwingt sie rechts anzuhalten.
Er und die Blondine steigen aus und der LKW-Fahrer
zeichnet mit Kreide einen Kreis in den Boden und sagt:
„Da gehst du gefälligst rein!"
Die Blondine tut dies und der LKW-Fahrer nimmt seinen
Schlüssel und zerkratzt das ganze Auto der Blondine.
Nun schaut er wie die Blondine reagiert, aber er sieht
nur ein Grinsen auf ihrem Gesicht.
Er wundert sich und dreht sich wieder zum Auto.
Er nimmt einen Hammer und zerschlägt die Windschutzscheibe.
Als er sich nun zu der Blondine umdreht fängt sie an zu kichern.
Der Mann wundert sich darüber und macht weiter.
Er nimmt erneut den Hammer und demoliert das ganze Auto.
Nun dreht er sich in der Hoffnung um, dass die Blondine
sauer ist, aber sie lacht lauthals.
Der LKW-Fahrer gibt auf und fragt: „Wieso lachen sie?"
Die Blondine kichert und sagt: „Immer wenn sie zum Wagen
geguckt haben, bin ich aus dem Kreis gesprungen!"

An einer Autobahnauffahrt kommt es zu einem heftigen Auffahrunfall. Beide Autos sehen nach Totalschaden aus. Die Fahrer der beiden Autos steigen gleichzeitig aus. Sagt der eine: „Sie haben Glück, ich bin Arzt." Sagt der andere: „Sie haben Pech, ich bin Anwalt."

„Zugegeben, ich kniete tatsächlich auf der Autobahn. Aber ist damit etwa bewiesen, dass ich betrunken war?", verteidigt sich der Angeklagte. „Nicht unbedingt", räumt der Richter ein, „aber wie erklären Sie sich Ihren wiederholten Versuch, den Mittelstreifen aufzurollen?"

Ein Münchner fährt nachts besoffen Auto und wird prompt von der Polizei angehalten. Beim Alkoholtest wird der Mann gebeten zu blasen, doch er antwortet nur: „Naa, des geht net, i hoab Oasthma!" Daraufhin wollen die Polizisten einen Bluttest durchführen lassen, doch der Münchner entgegnet: „Des geht au net, i bin doch a Bluter!" Letztendlich weist die Polizei den Mann an, auf einer weißen Linie entlangzugehen, doch der erklärt schlagfertig: „Joa, des geht doch erst recht net, i bin doch vuiz bsoffe!"

Taxifahrt in Berlin: An der ersten Kreuzung zeigt die Ampel Rot, der Taxifahrer mit Vollgas drüber. Der Fahrgast wundert sich, sagt aber nichts. Zweite Kreuzung, wieder Rot, erneut mit Vollgas über die Kreuzung. An der dritten Ampel ist Grün, der Taxifahrer macht eine Notbremsung. Der Fahrgast sagt: „Bei Rot fahren Sie über die Kreuzung und bei Grün bremsen Sie wie ein Wahnsinniger, können Sie mir das erklären?" Sagt der Taxifahrer: „Es hätte ein Kollege kommen können!"

Bei einer Computermesse (ComDex) vergleicht Bill Gates
die Computer Industrie mit der Auto-Industrie und gibt
das folgende Statement ab:
„Wenn General Motors (GM) mit der Technologie so mitgehalten
hätte wie die Computer Industrie, dann würden wir heute
alle 25-Dollar-Autos haben, die pro Gallone Sprit 1000 Meilen
fahren würden."
Als Antwort darauf veröffentlicht General Motors (Mr. Welch
persönlich) eine Presse-Erklärung mit folgendem Inhalt:
Wenn GM eine Technologie wie MS entwickelt hätte, dann würden
wir heute alle Autos mit folgenden Eigenschaften fahren:

1) Ihr Auto würde ohne erkennbaren Grund
   zweimal am Tag einen Unfall haben.

2) Jedes Mal, wenn die Linien auf der Straße neu
   gezeichnet werden, müsste man ein neues Auto kaufen.

3) Gelegentlich würde ein Auto ohne erkennbaren Grund
   auf der Autobahn einfach ausgehen und man würde
   das einfach akzeptieren, neu starten und weiterfahren.

4) Wenn man bestimmte Manöver durchführt, wie z. B.
   eine Linkskurve, würde das Auto einfach ausgehen
   und sich weigern neu zu starten. Man müsste dann
   den Motor neu installieren.

5) Man könnte nur alleine in dem Auto sitzen,
   es sei denn, man kauft „Car95" oder „CarNT".
   Aber dann müsste man jeden Sitz einzeln bezahlen.

6) Macintosh würde Autos herstellen, die mit Sonnenenergie
   fahren, zuverlässig laufen, fünfmal so schnell
   und zweimal so leicht zu fahren sind, aber dafür
   nur auf 5 % aller Straßen fahren.

7) Die Öl-Kontroll-Leuchte, die Warnlampen für
   Temperatur und Batterie würden durch eine
   „Genereller Auto Fehler"-Warnlampe ersetzt.

8) Neue Sitze würden erfordern, dass alle die selbe
   Gesäß-Größe haben.

9) Das Airbag-System würde fragen „Sind Sie sicher?"
   bevor es auslöst.

10) Gelegentlich würde das Auto sie ohne erkennbaren Grund aussperren. Sie können nur mit einem Trick wieder aufschließen, und zwar müsste man gleichzeitig den Türgriff ziehen, den Schlüssel drehen und mit einer Hand an die Radio-Antenne fassen.

11) General Motors würde Sie zwingen, mit jedem Auto einen Deluxe-Kartensatz der Firma Rand-McNally (einer GM-Tochter) mit zu kaufen, auch wenn Sie diesen Kartensatz nicht brauchen oder möchten. Wenn Sie diese Option nicht wahrnehmen, würde das Auto sofort 50 % langsamer werden (oder schlimmer). Darüber hinaus würde GM deswegen ein Ziel von Untersuchungen der Justiz.

12) Immer dann, wenn ein neues Auto von GM hergestellt werden würde, müssten alle Autofahrer das Autofahren neu erlernen, weil keiner der Bedien-Hebel genau so funktionieren würde, wie in den alten Autos.

13) Man müsste den „START"-Knopf drücken, um den Motor auszuschalten.

Mein kleiner Freund, das Navi

Früher war das so: Wenn man sich als Autofahrer in einer Gegend nicht gut auskannte, dann fragte man unterwegs. Oder man benutzte Straßenkarten. Wenn man sie während der Fahrt benötigte, dann bevorzugt mit einem Beifahrer, der die Karte im Auge hatte und einen dirigierte. In solchen Situationen blieb der ein oder andere Konfliktstoff nicht aus, etwa: „Ich habe gesagt, du sollst links abbiegen, Du Hornochse! – Da hinten hätten wir rein gemusst! – Hör doch mal zu, was ich sage!" Das war früher. Heute hören Fahrer nur noch freundliche Stimmen. Sie heißen Silke oder Richard oder Beatrix oder Frank und sprechen immer gleichbleibend freundlich. Nichts kann sie aus der Ruhe bringen. Sie können elfmal falsch abbiegen oder seit vier Kilometern in die falsche Richtung fahren – Ihr Navi bleibt höflich und zuvorkommend. Eingefleischte Masochisten müssen sogar extra zahlen, wenn sie unbedingt eine Kommandostimme hören wollen, die ihnen Befehle zubellt. Die 08/15-Variante der Navigationsgeräte bellt nicht, sie sagt freundlich: „Wenn möglich, bitte wenden." Bei diesem ewigen Zwang zu guten Manieren wundert es nicht, wenn einzelne Geräte sich dem Konformismus verweigern. Allerdings tun sie das auf subtile Weise. Die ausscherenden Navis pampen die Fahrer nicht etwa an, weit gefehlt – sie schießen mit zuckersüßer Stimme kleine Pfeile der Desorientierung ab. In besonders tragischen Fällen soll die Spanne sogar bis zum versuchten Mord reichen. Sehen Sie selbst:

„Biegen Sie links ab!"

Manchmal kann so ein Navi aber auch wirklich eine Menge Mist bauen. Und wenn sich dann auch noch alles andere gegen einen verschwört, dann passiert das Folgende:

Unser Mann heißt Helmut U. und ist mit seinem Laster im Unterallgäu unterwegs. Hier, in der Ortschaft Stötten, möchte das Navi, dass Helmut links abbiegt. Rechts wäre richtig gewesen. Aber Helmut ist ein gehorsamer Gefolgsmann seines Navis. Und so bleibt er zuerst mal an einer Eisenbrücke hängen, die daraufhin einstürzt. Man möchte meinen, dass das an Helmut schon rein akustisch nicht völlig vorbeigehen dürfte. Aber was soll er machen? Das Navi sagt nun mal links, und links heißt eben links, nicht rechts und auch nicht geradeaus, das hätte die Eisenbrücke eigentlich wissen und nicht einfach so im Weg herumstehen dürfen. Genauso hätten das in Folge wissen müssen: ein Heustadl, ein Leitpfosten und ein paar Verkehrsschilder. Auch die stehen da nämlich einfach so im Weg herum, dass kein ordentlicher LKW an ihnen vorbeikommen kann. Schon gar nicht, wo die Straße hier verdammt eng ist. Auch das ist sowas: Die Kommune kann doch keine derart schmale Straße bauen, wo er, Helmut U., diesen Weg nehmen muss.

Wir wissen nicht, was noch alles unerlaubterweise den Weg von Helmut und seinem Laster behindert hätte. Denn jetzt tritt Till auf den Plan. Er bemerkt den großen Laster in der viel zu kleinen Straße, vorher hatte er schon das Donnern und Poltern gehört, mit dem sich Heustadl, Pfosten und Verkehrsschilder erfolglos gegen Helmuts Rambofahrt gewehrt hatten. Und er bedeutet dem LKW-Fahrer, sofort anzuhalten. Das macht Helmut jetzt.

Navi, Brücke, Heuhütte, Pfosten, Verkehrsschilder, alle waren sie heute ziemlich fies zu ihm. Und der Sachschaden beträgt gut 70.000 Euro.

Irrfahrten mit dem Navi

Das Navigationsgerät gilt als eine der größten Errungenschaften für Autofahrer mit mangelndem Orientierungssinn. Man gibt seine Daten ein, und das nette, freundliche Gerät verrät einem daraufhin, wie weit es bis zum Ziel ist, wann man ungefähr – Staus einmal ausgenommen – dort ankommt, und vor allem sagt es einem, wo man langfahren soll. Meistens zumindest tut es das. Außer, es hat gerade keine Lust. Oder kennt sich selbst nicht aus. Oder …
So ganz genau weiß eigentlich niemand, warum Navis manchmal Routen vorschlagen, die es so eigentlich nicht geben sollte. Offene Seestrecken etwa. Und noch rätselhafter ist es, wenn das Navi einen Hunderte von Kilometern in die falsche Richtung lotst. Im Vorteil ist da, wer Straßenkarten lesen kann. Dem fällt nämlich nicht erst dann, wenn am Horizont die ersten Berge auftauchen, auf, dass das wohl doch nicht der Weg Richtung Ostsee sein dürfte.
Geschichten über fehlgeleitete Autofahrer und Navis mit ausgeprägtem Sinn für die falsche Route gibt es zuhauf. Wir haben einige der schönsten zusammengestellt:
Da ist zum Beispiel die Rathaustreppe im Schweizer Städtchen Luzern. Keineswegs nur ein Mal, sondern in regelmäßigen Abständen leiten Navigationsgeräte Touristen ohne Ortskenntnisse genau zu, oft genug auch auf diese Treppe. Spätestens nach ein, zwei Stufen bemerken die meisten, dass es hier nicht mehr weitergeht, und bleiben stehen. Das Ganze regt inzwischen schon keinen mehr auf. In die Fußgängerzone darf man mit dem Auto nämlich hineinfahren, man kann also niemandem vorwerfen, irgendwelche Verkehrsschilder missachtet zu haben.
Zu weit …
Ja, dazu gibt es viele, viele Geschichten. Zu Autofahrern, denen erstaunlicherweise erst nach Stunden auffällt, dass sie da offenbar von ihrem Navi … sagen wir mal … ein bisschen zu weit gelotst wurden. Hier die längsten Irrfahrten:
Gleich 600 Kilometer zu weit östlich fährt im Jahr 2013 ein Paar aus Nordrhein-Westfalen. Eigentlich sollte die Reise in die Schweiz gehen, nach St. Gallen. Aber wer auch immer von den beiden das Navi programmiert hat, er oder sie hat das falsche Land eingege-

ben. Und so endete die Fahrt vorerst in einem gleichnamigen Dorf in Österreich. Aufgefallen war den beiden der Irrtum vorher offenbar nicht, Berge sind schließlich Berge. Erst als sie ihr Hotel nicht finden konnten, wurden sie stutzig …

Schwierig wird's auch, wenn man den Ort des Reiseveranstalters statt den des Urlaubsziels ins Navi eintippt. So geschehen in Hamburg. Statt nach Rügen wurde die Fahrerin in die falsche Richtung, nämlich in die Duisburger Innenstadt geleitet. Wer nun denkt, irgendwann auf dem Weg ins vermeintliche Rügen hätte ihr auffallen müssen, dass weit und breit kein Meer in Sicht ist, der denkt zwar richtig. Aber er teilt damit nicht die Ansicht der Hamburgerin. Das Navi hat nun mal genau diese Route vorgegeben, also wird hier wohl irgendwo auch das dämliche Wasser noch mal kommen! Sie geht direkt in die Geschäftsstelle des Reiseveranstalters und verlangt ihren Zimmerschlüssel.

Eigentlich will das Rentnerehepaar nur von Mecklenburg aus ins Einkaufszentrum nach Neubrandenburg. Aber das Navi will es anders und bringt die beiden 700 Kilometer weiter nach Unterfranken. Und da das doch eine beachtliche Strecke ist, müssen sie hier tanken. Die Rechnung erscheint ihnen aber für eine so kurze Strecke zu hoch, und sie weigern sich zu zahlen. Das ruft die Polizei auf den Plan, die den Irrtum aufklärt.

Notre-Dame-de-Lourdes heißt eine beschauliche Kapelle in der Bretagne. Diese Kapelle ist sicher eine Reise wert. Wenn man ohnehin schon in der Nähe ist. Das sind die Freundinnen aus Deutschland aber gar nicht. Und sie wollen auch nicht in die Bretagne, sondern ins „richtige" Lourdes. 800 Kilometer falsch gefahren! Alles kann so ein Navi eben auch nicht wissen.

Und der Siegerpreis im blinden Vertrauen aufs Navi geht nach Belgien. Dort nämlich will die Fahrerin eigentlich nur ins 90 Kilometer entfernte Brüssel fahren. Stattdessen folgt sie ihrem Navi durch Frankreich, Deutschland und Österreich bis ins kroatische Zagreb. Diese „Fahrt nach Brüssel" dauert einen ganzen Tag und misst 1300 Kilometer. Grund dafür, dass die Fahrerin den Umweg nicht bemerkt hat: Sie war abgelenkt!

Vertrau keiner Maschine

Manchmal entwickeln Maschinen Zicken. Der Autor dieser Zeilen hat es selbst schon erlebt, dass sein Navi einen versuchten Mordanschlag auf ihn unternahm, indem es ihn aufforderte, rechts abzubiegen und damit in einen Fluss zu fahren. Das muss man nicht immer so ernst nehmen. Computer sind wohl auch manchmal schlecht gelaunt und verhalten sich dann entsprechend. Entscheidend ist doch immer noch, dass bis auf Weiteres nicht die Maschine am Steuer sitzt, sondern der Mensch. Bis Computer also ganz entscheidend dazu gelernt haben. Das hat ein Navi im Mai 2016 leider nicht, und zwar im Empfangsbereich Vilshofen in Bayern. Der Fahrer dagegen scheint blindes Vertrauen in die Maschine zu haben. Der 61jährige hat die Adresse eines leerstehenden Hauses eingegeben. Sein Gerät lotst ihn aber zu einer Grundschule in Vilshofen. Somit fährt der Vertrauensselige auf den Pausenhof und fährt dabei ein 8jähriges Schulkind an. Der Junge erleidet mehrere Schürfwunden und Prellungen und kommt in ein Krankenhaus. Herausreden kann sich der Autofahrer (noch) nicht damit, dass die Maschine ihn angestiftet hat. Gegen ihn wird wegen fahrlässiger Körperverletzung ermittelt.

Und noch einmal links abgebogen

Wir kennen das: Navis können unglaublich stur sein. Mit unendlichem Gleichmut leiten sie ihre Autofahrer an: „Biegen Sie bei der nächsten Straße links ab!" Und zwei Sekunden später: „Biegen Sie links ab!" „Hier?", möchte man manchmal zurückfragen. „Hier geht's direkt in den See/in den Supermarkt/den Berg hinunter." Aber Navis sind nicht nur für ihren Gleichmut bekannt, sondern auch für ihre fehlende Begeisterung an jeglicher Form der Kommunikation. Mit anderen Worten: Sie können Befehle erteilen, ruhig und freundlich. Aber sie diskutieren nicht. Niemals. Sie weisen nun an. Und sie stehen für Rückfragen grundsätzlich nie zur Verfügung. Was dazu führt, dass man sich als Autofahrer gelegentlich doch mal seines eigenen Verstandes bedient und eben besser nicht direkten Kurs auf den See nehmen sollte.

Aber genau diese Gedanken stellt Thorsten P. aus Hamburg an dem Oktobertag im Jahr 2015 nicht an. Stattdessen gehorcht er seinem Navi blind, und das ordnet an, links abzubiegen. Möglicherweise meinte das Navi, nicht gleich jetzt, sofort, sondern bei nächsten Gelegenheit, die dafür in Frage kommt. Und Bahngleise kommen dafür eigentlich überhaupt nicht in Frage! Aber die Anweisung kam nun mal direkt bei den Gleisen ...

Fünf Meter fährt Thorsten P. im Gleisbett, dann bringt er seinen Wagen endlich zum Stehen. Und die Schranken gehen nach unten! Thorsten steckt also fest. Was nicht so gut ist, denn auf dem anderen Gleis kommt nun – deshalb wurden die Schranken ja geschlossen – ein Regionalzug angefahren. Glücklicherweise ist der Lokführer reaktionsschnell, er legt eine Vollbremsung hin. Auto und Zug geraten nicht ineinander, Fahrgäste werden keine verletzt. Nur das Gleis bleibt eine gute Stunde lang gesperrt. Und gegen Thorsten P. wird ein Strafverfahren (mit leider unbekanntem Ausgang) wegen des „Verdachts des gefährlichen Eingriffs in den Bahnverkehr" eingeleitet.

„Sie haben Ihren Zielort erreicht"

Diese Meldung hört man gerne. Besonders, weil sie meistens nur bedeutet, dass man jetzt irgendwie so ungefähr dort ist, wo man hin will. Ein bisschen Suche bleibt immer noch beim Fahrer, sonst wäre das Ganze ja ohne jeden Unterhaltungswert.

An diesem Julitag des Jahres 2012 rückt Heinz H. in Gießen mit seiner Baukolonne aus, Arbeit steht an. Er programmiert sein Navi, und auf geht's durch die Stadt zur Baustelle. Dann, eine Viertelstunde später, verkündet das Navi, man habe „seinen Zielort erreicht". Klasse, denken sich Heinz H. und seine Kollegen, dann legen wir mal los. Ein Dach soll abgedeckt werden, so der Auftrag ihres Arbeitgebers. Am „Zielort".

Und richtig, am Zielort steht ein Haus. Neben diesem Haus stehen zwar rechts und links noch weitere Häuser, aber die liegen eben nicht genau am „Zielort".

Am selben Vormittag sitzt Martin A. in seinem Haus und wartet. Er wartet auf Handwerker, die er vor zwei Wochen bestellt hatte. Damit sie das Dach seines Hauses abdecken. Und weil Warten langweilig ist, macht sich Martin einen Kaffee und stellt sich mit dem Becher in der Hand ans Fenster. Eigenartig, dort drüben bei Grubers wird auch das Dach abgedeckt, davon hatten sie ihm ja gar nichts erzählt. Und schnell sind die Jungs, das sieht ja aus, als wären sie schon fast fertig.

Sind sie auch, Heinz H. und seine Truppe ist für präzises und vor allem zügiges Arbeiten bekannt. Leider auch dann, wenn sie das falsche Dach abdecken. 100 Quadratmeter haben sie schon geschafft, als sie zurückgerufen werden.

Ein Blick auf die Hausnummer hätte vielleicht nützlich sein können.

Lars und sein Auto im Wald

„Vor einem großen Walde wohnte ein armer Holzhacker mit seiner Frau und seinen zwei Kindern; das Bübchen hieß Hänsel und das Mädchen Gretel. Er hatte wenig zu beißen und zu brechen, und einmal, als große Teuerung ins Land kam, konnte er auch das täglich Brot nicht mehr schaffen. Wie er sich nun abends im Bett Gedanken machte und sich vor Sorgen herum wälzte, seufzte er und sprach zu seiner Frau ‚was soll aus uns werden? wie können wir unsere armen Kinder ernähren, da wir für uns selbst nichts mehr haben?' ‚Weißt du was, Mann,' antwortete die Frau, ‚wir wollen Morgen in aller Frühe die Kinder hinaus in den Wald führen, wo er am dicksten ist: da machen wir ihnen ein Feuer an und geben jedem noch ein Stückchen Brot, dann gehen wir an unsere Arbeit und lassen sie allein. Sie finden den Weg nicht wieder nach Haus und wir sind sie los.'"

Ja, das ist herzlos von der bösen Stiefmutter.

Aber man braucht gar keine Stiefmutter. In der modernen Version könnte der Anfang des Märchens nämlich auch so lauten: „Es war einmal ein kleines Navi, es war gar nicht so billig gewesen, aber es war ein sehr gemeines kleines Navi, das sich einen Spaß daraus machte, seinen Besitzer mitten in den tiefen Wald zu lotsen, dorthin, wo die Bäume am dichtesten sind und wo kein Mondschein mehr den Weg erhellt …"

So geschehen in Crispendorf in Thüringen. Eigentlich will Lars K. an diesem Abend nämlich seine Ferienunterkunft finden. Aber es ist schon spät am Abend, das gemeine kleine Navi ist gerade in Hochform, und so lotst es Lars über Feld- und Wiesenwege mitten hinein in einen dunklen, dunklen Forst. Einen so dunklen, dass Lars zwar irgendwann begreift, hier geht's garantiert nicht zur Ferienwohnung. Aber wo die liegen könnte und, viel wichtiger, wie er aus dem Wald herausfinden kann, das weiß er auch nicht. Und anders als Hänsel und Gretel hatte er nicht einmal die Grimmsche Adaption des Ariadnefadens bei sich, also weder Brotkrumen noch sonst irgendetwas, das ihm den Weg aus dem Wald zeigen könnte. Zum Glück kommt ihm aber die Technik zu Hilfe. Das gemeine kleine Navi hat ihm die Misere eingebrockt, das liebe, nette Handy hilft ihm wieder heraus. Denn: Lars ruft die Polizei an. Etwas erschwert wird seine Rettung aus dem dunklen Wald zwar dadurch, dass er absolut nicht weiß, wo er gerade steckt. Aber die Polizei findet es heraus. Und so geht auch dieses Märchen gut aus. Sogar ohne Zwischenstopp bei der Hexe und ihrem Backofen. Allerdings mit der Frage, wieso Lars denn nicht früher gemerkt hat, dass es hier garantiert nicht zur Ferienunterkunft geht.

Zwei kleine Buchstaben

Die „Blaue Grotte", auf Italienisch „La Grotta Azzurra" ist ein Touristenmagnet der besonderen Art. Ins Innere dieser Höhle gelangt man nämlich nur durch ein 1,5 Meter hohes Felsloch im Meer. Im Inneren schimmert das Wasser durch verschiedene Lichtreflexe dann azurblau. Wunderschön ist diese Grotte und bei Touristen so begehrt, dass es vor dem Eingang oft sogar zu Staus der kleinen Grottenboote kommt, mit denen sich die Gäste von Einheimischen an ihr Ziel bringen lassen müssen.

Diese berühmte Grotta Azzurra liegt im Norden der Insel Capri am Golf von Neapel, also doch eher im südlichen Italien. Um von Venedig aus mit dem Auto hierher zu gelangen, muss man eine ganze Weile fahren.

Capri also. Südliches Italien.

Und dann gibt es noch Carpi. Der Unterschied zwischen den beiden besteht lediglich in einem kleinen Buchstabendreher des r und des p. Und, naja, im Charme der beiden Orte. Denn Carpi (also erst r, dann p) ist eine Industriestadt in Norditalien, nahe bei Modena. Von Capri (erst p, dann r) liegt sie etwa 660 Kilometer entfernt. Auch Carpi hat einige nette Sehenswürdigkeiten. Nur wollen Ebba und Nils P. aus Malmö in Schweden die eben nicht sehen, als sie an diesem Morgen im Juli des Jahres 2009 in Venedig aufbrechen. Sie wollen nach Capri. Zur Blauen Grotte.

Und dann vertauscht Ebba beim Eintippen des Ziels ins Navi die beiden Buchstaben … Aber Carpi sieht nicht aus wie Capri, liegt auch gar nicht so südlich. Und kein einziges Schild weist hier den Weg zur Blauen Grotte. Das macht nun selbst Ebba und Nils stutzig. Sie fahren also dorthin, wo man ihnen sagen können sollte, wie man zur „Grotta" kommt.

Gianna L. in der Touristeninformation von Carpi denkt zuerst, die beiden freundlichen Schweden suchen nach einem Restaurant, kann ja sein, dass das wie die Grotte dort im Süden heißt. Aber nein, erklären Nils und Ebba, sie suchen die richtige, die Originalgrotte.

Hm, meint Gianna, um dorthin zu gelangen, müssten sie noch gute 660 Kilometer weiter Richtung Süden fahren.

Und genau das machen die beiden Schweden jetzt auch. Nächster Anlauf zur Blauen Grotte.

Cliffhanger: Realität versus Fiktion

In Thrillern sind Cliffhanger eine gern genutzte, höchst wirksame Technik, um Spannung zu erzeugen: Man bricht am spannendsten Punkt einer Episode ab, eben genau dann, wenn der Held sinnbildlich mit dem Auto schon über der Klippe hängt, und wechselt den Erzählstrang. Der Leser will natürlich wissen, wie es mit seinem Held weitergeht. Und liest weiter. In der Realität sind solche Cliffhanger allerdings nicht zu empfehlen, schon gar nicht, wenn man sich in Richtung des Gran Canyons bewegt. Und genau das tut die Reisegruppe aus 25 Teilnehmern an diesem Tag im Jahr 2008. Vom Bryce Canyon im Südwesten des Bundesstaates Utah wollen sie zum Gran Canyon, der großartigen 450 Kilometer langen Schlucht im Norden von Arizona. Sie nehme dazu ihre eigenen Autos, der erste Wagen führt die Kolonne an, die anderen folgen brav. Dumm nur, dass sich der Fahrer von Wagen eins komplett auf sein Navigationsgerät verlässt. Es geht über Stock und Stein, der Weg ist … sagen wir mal … nicht sonderlich gut zu befahren, eher etwas sehr ruckelig und holprig. Aber schließlich haben die Siedler früher auch noch keine Autobahnen vorgefunden, so ist das eben in Amerika.

Schließlich wird es dunkel. Zu dunkel, um weiterzufahren, schließlich ist die Wildnis nicht mit Straßenlaternen versehen. Also unterbricht die Truppe ihre Fahrt, und alle schlagen die Zelte für die Nacht auf.

Halbwegs ausgeruht stehen die Abenteurer am nächsten Morgen auf – und sehen, dass sie den Helden aus den Krimis fast Konkurrenz gemacht hätten. Mit dem Unterschied allerdings, dass der Cliffhanger in Romanen eher im übertragenen Sinne zu verstehen ist. Die Reisegruppe hatte am Abend zuvor allerdings sehr real nur wenige Schritte vor dem Abgrund eines Cliffs Halt gemacht. Gut überstanden haben auch sie es, der Schreck dürfte aber groß gewesen sein, anders als beim Helden, der natürlich keine Sekunde daran zweifelt, dass er sich auch aus dem Auto überm Abhang noch retten wird.

Dem Autofahren auf den Grund gegangen

Was ist das Wichtigste beim Autofahren? Das Allerallerwichtigste? Dass jemand sicher und defensiv fährt? Nicht rast? Nicht besoffen fährt? Nicht über rote Ampeln heizt? Nachts das Licht an hat? Oder dass der keine Wumm-wumm-wumm-Musik im Auto hört, die bis nach draußen dringt? Alles falsch. Erinnern Sie sich noch an den erhabenen Moment, als Sie ihre Fahrprüfung bestanden hatten – und ab sofort allein Auto fahren durften? Das war das Entscheidende: der Führerschein - oder sogar noch Grundlegender: die Fahrerlaubnis. (Auf solche kleinen Unterschiede kommen wir gleich noch.) Es ist uns erst einmal egal, ob jemand fahren kann wie Niki Lauda. Uns Verkehrsteilnehmern und dem Gesetzgeber. Damit jemand ein Auto durch den Verkehr steuert, hätten wir von ihm gern eine Genehmigung dazu. Den „Lappen" eben. Darauf richten sich alle Autofahrer ein: dass der Typ vor ihnen wirklich fahren darf. Nun ja, manchmal ist dem leider nicht so. Das kommt nicht extrem häufig vor, aber es kommt vor. Dann ist es wert, über die selbstermächtigten Autofahrer zu berichten. Manege frei:

Ulf fährt Auto

Erst einmal ein kleiner Einstieg aus der Klugscheißer-Ecke – damit kann man in der Kneipe durchaus mal nach dem dritten oder vierten Bier reüssieren, bevor man seinen Autoschlüssel beim Wirt abgibt und ein Taxi nimmt. Je nach Blutalkoholkonzentration ist nämlich entweder nur der Führerschein oder gleich auch mit die Fahrerlaubnis weg, wenn man am Steuer erwischt wird. Der Führerschein ist der Lappen, das Dokument, mit dem man sich als Fahrer eines Autos ausweist. Die Fahrerlaubnis ist quasi metaphysisch – sie ist der Verwaltungsakt, der dem Führerschein zugrundeliegt. Wenn Sie der Polizei Ihren Führerschein nicht vorzeigen können, ist das doof, aber längst nicht so tragisch, als wenn sie keine Fahrerlaubnis haben. Wenn es ganz dumm kommt, dann trifft natürlich beides zu. So wie bei Ulf. Ulf ist ein super Fahrer und fährt unfallfrei, seit er ein Teenager war. Jetzt ist Ulf 45 Jahre alt. Nie ist er mit der Verkehrspolizei in Konflikt gekommen, und das soll auch so bleiben. Und da! Zum ersten Mal seit 26 Jahren winkt die Polizei Ulf bei einer Routinekontrolle aus dem Verkehr, Ende Juli 2016 in der Oberpfalz ist das. Zum ersten Mal hört er die Worte, die andere Fahrer schon kennen: „Führerschein und Fahrzeugpapiere, bitte." Die Beamten interessieren sich nicht dafür, dass Ulf 26 Jahre lang unfallfrei fährt. Sie bestehen tatsächlich auf so einem piefigen Dokument. Bürokratenhengste! Und die bleiben auch noch stur, als Ulf ihnen erklärt, was für ein vorbildlicher Fahrer er ist. Die wollen einen Führerschein sehen, aber den hat der doch nicht. Er hat Fahrerfahrung, Mann! Das ist besser als jeder Führerschein! Später legt Ulf der Polizei dann einen Bußgeldbescheid aus dem Jahr 1989 vor. Den hat er immer noch. Und seitdem ist nichts passiert. Gut, damals sollte er noch an einer Nachschulung teilnehmen, im Jahr 1989. Was er nie getan hat. Deshalb wurde ihm auch 1990 die Fahrerlaubnis entzogen, aber das ist doch wohl nach mehr als einem Vierteljahrhundert egal, oder? Nun, das sehen die Polizisten anders. Ulf erwartet eine Anzeige wegen Fahrens ohne Fahrerlaubnis. Wenn er Pech hat, heißt das bis zu einem Jahr Gefängnis, jedenfalls aber eine saftige Geldstrafe.

Und immer wieder die 35

Mit der Zahl 35 muss es irgendeine sehr merkwürdige Bewandtnis haben, auf alle Fälle, wenn man den Blick nach Österreich richtet. Aber schön der Reihe nach:

Den Reigen der 35 eröffnet im Frühjahr 2013 ein namenloser 71jähriger Autofahrer aus Wien. Er fährt nämlich auf der B63 bei Schachendorf/Bezirk Burgenland nicht ganz so Auto, wie es der Verkehrsordnung entsprich. Im Polizeideutsch: Er begeht „mehrere Übertretungen nach der Straßenverkehrsordnung". Welcher Art, das verrät die Polizei leider nicht. Aber sie genügen offenbar, um den Lenker anzuhalten und sich seinen Führerschein einmal genauer anzusehen. Geht aber nicht. Denn der liegt zu Hause. Das sollte er allerdings nicht, und so stellt die Polizei ihre eigenen Untersuchungen an. Mit dem Ergebnis, dass dem Mann die Fahrerlaubnis bereits im Jahr 1978 entzogen worden war. Das ist durchaus ein längerer Zeitraum, nämlich 35 Jahre. Und so enden die unerlaubten Ausfahrten mit einer Anzeige.

Anderer Ort, zwei Jahre später: Die Südautobahn A2, Anschlussstelle Hartberg in der Steiermark. Dieses Mal ist der – ebenfalls namenlose – Fahrer 54 Jahre alt, und er hat ganz einfach das Pech, an diesem Abend im April 2015 in die Kontrolle einer Zivilstreife zu geraten. Wir ahnen es schon: Auch er kann keinen Führerschein vorlegen. Er hat nämlich gar keinen. Hat nie einen besessen. Aber, wendet er ein, bisher sei er doch immer unfallfrei gefahren. Es ist gut möglich, dass er den Einwand der Polizisten, ohne Führerschein sei das ziemlich unerheblich, kleinkariert findet. Auf die Frage, warum sein führerscheinloses Fahren bisher nie aufgefallen sei, hat der Mann allerdings eine einfache Antwort: Er sei ganz einfach noch nie kontrolliert worden. Nun, nach … wir wissen es schon: 35 Jahren ist der Spaß vorbei. Und er endet auch hier mit einer Anzeige und dem sofortigen Entzug von Führerschein und Autoschlüsseln.

Wir bleiben in der Steiermark: Hier gerät eine 68jährige Deutsche, die schon seit Jahren in Österreich lebt, eines Nachmittags in der Nähe von Mureck in einen Unfall mit Sachschaden. An sich keine große Sache, und die beiden Unfalllenkerinnen wollen das Ganze unter sich regeln. „Oh je", meint unsere 68Jährige, „der Führer-schein muss zu Hause liegen". Und damit macht sie sich aus dem Staub, natürlich ohne die leiseste Absicht, noch einmal zurückzu-kommen. Aber die andere erstattet Anzeige. Die Geschichte endet, wie sie enden muss: Die Polizei macht die Dame ohne Führerschein ausfindig und erfährt, dass sie, ja, wie lange schon Auto fährt, ohne das notwendige Dokument dafür je erworben zu haben? Richtig, 35 Jahre. Auch hier endet das unerlaubte Tun mit einer Anzeige.

Und zum Schluss geht es noch nach Kärnten. Hier fährt im Sep-tember 2016 ein 70jähriger bei Klagenfurt auf die Südautobahn, die A2. Als er sich in die erste Fahrspur einreihen will, kollidiert sein Auto mit einem LKW. Zum Glück bleiben beide Lenker un-verletzt. Der Sachschaden ist aber hoch genug, dass sich da nichts mehr privat regeln lässt. Eigentlich müsste der Vorfall sich trotz-dem unkompliziert lösen lassen, die Polizei wird gerufen und der Unfallhergang wird aufgenommen. Dann aber will die Polizei auch hier wieder die Führerscheine sehen. Auch das ist an sich gar kein Problem, das findet auch unser Siebzigjähriger. Allerdings findet er das nur so lange, bis ihn die Polizei darüber aufklärt, dass sein Führerschein seit – wir sind wieder bei der altbekannten Zahl – 35 Jahren abgelaufen ist.

In diesem Fall wird die Sache allerdings etwas undurchschaubar, und zwar insofern, als der solchermaßen des Fahrens ohne Füh-rerschein Überführte erklärt, er habe von der Befristung schlicht nichts gewusst. Überprüfen lässt sich das nicht. Befristet werden Führerscheine in der Regel ausgestellt, wenn der Autofahrer eine chronische Erkrankung hat, etwa ein Augenleiden, das sich ver-schlechtern könnte, oder auch Diabetes. Dann sollte das dem Be-sitzer des Führerscheins aber ausdrücklich gesagt werden. 35 Jahre sind eine lange Zeit. Möglich, dass unserem Autolenker tatsächlich nichts gesagt wurde, möglich auch, dass er einfach keine Lust hat-te, sich um die Verlängerung zu kümmern. Vielleicht hat er sich auch einfach darüber geärgert, dass er keine unbefristete Fahrer-laubnis bekam. Die offizielle Version bleibt zumindest, dass er von nichts wusste.

Und das könnte sogar stimmen. Denn in den alten rosa Führer-scheinen, so erklärt Helmut Schernitz, Jurist beim Österreichischen Automobilclub (ÖAMTC), finde sich die Befristung im Inneren auf der dritten Seite, dort sei sie tatsächlich nicht sofort zu erkennen. Wer also über die Befristung tatsächlich nicht informiert wurde (oder hartnäckig daran festhält, dass ihm das einfach keiner jemals gesagt hat) und zudem nie in eine Verkehrskontrolle geraten ist, der kann wirklich im Glauben, dass alles seine Ordnung habe, Auto gefahren sein. Das gilt aber wohlgemerkt nur für die alten Führerscheine und ist auch da ziemlich unwahrscheinlich. Angezeigt wird unser Fahrer trotzdem.

Liebe und Sex beim Fahren

Multi-Tasking ist ja in. Als einfaches Beispiel: Das Baby auf den Arm tragen, dabei den Wochenendeinkauf über die Bühne bringen und über Headset mit dem Kollegen über ein Projekt reden. Oder über Kopfhörer eine Fremdsprache lernen, dabei auf dem Laufband trainieren und sich auf dem Monitor das neue Video von Miley Cyrus anschauen. Das geht alles, und es ist vor allem ungefährlich. Wenn man allerdings zwei Tätigkeiten kombiniert, von denen man sich bei der einen gut konzentrieren muss und bei der anderen ... sich eher fallen lässt – dann kann sich beides beißen. Wovon die Rede ist, wissen Sie. Dabei weiß sogar die Bibel, genauer: der Prediger Salomo (3, 1–8): „Ein jegliches hat seine Zeit, und alles Vorhaben unter dem Himmel hat seine Stunde: geboren werden hat seine Zeit, sterben hat seine Zeit; pflanzen hat seine Zeit, ausreißen, was gepflanzt ist, hat seine Zeit; töten hat seine Zeit, heilen hat seine Zeit; abbrechen hat seine Zeit, bauen hat seine Zeit; weinen hat seine Zeit, lachen hat seine Zeit; klagen hat seine Zeit, tanzen hat seine Zeit; Steine wegwerfen hat seine Zeit, Steine sammeln hat seine Zeit; herzen hat seine Zeit, aufhören zu herzen hat seine Zeit; suchen hat seine Zeit, verlieren hat seine Zeit; behalten hat seine Zeit, wegwerfen hat seine Zeit; zerreißen hat seine Zeit, zunähen hat seine Zeit; schweigen hat seine Zeit, reden hat seine Zeit; lieben hat seine Zeit, hassen hat seine Zeit; Streit hat seine Zeit, Friede hat seine Zeit." Autofahren gab es damals ja noch nicht. Aber wenn König Salomo es vorausgesehen hätte, dann hätte er sicher gesagt: „Autofahren hat seine Zeit – und das andere auch."

Blowjob mit Panne

Es gibt Dinge, die sollte man beim Autofahren definitiv nicht machen: Am Handy telefonieren ohne Freisprechanlage (mit besser auch nicht), den Facebook-Status aktualisieren oder Selfies machen. Und man sollte keinen Sex während der Fahrt haben. Gar keinen. Weder bei 10 noch bei 200 Stundenkilometern. Das kann zu spontanen und keineswegs stimulierenden Dates mit der Polizei führen. Im besseren Fall. Im schlimmeren kann es Unfälle versuchen. Leichte und schwere. Also: Finger weg vom Fahrer. Mund auch!
Angesichts der tatsächlich sehr hohen Gefahr für sich selbst und andere Verkehrsteilnehmer ist Sex während der Fahrt weder cool noch lustig. Wer's trotzdem tut, dem sei der nachfolgende Vorfall wenigstens eine kleine Warnung:
Elly ist Anfang zwanzig und findet es, wie sie sagt, „völlig normal", ihren Freund während der Fahrt oral zu befriedigen, sprich: ihm einen zu blasen. Je schneller er dabei fährt, umso aufregender der – ziemlich einseitige – Sex. Das geht auch immer soweit ganz gut, zumindest was Unfälle und Polizeikontrollen betrifft. An diesem einen Sonntag im Juni aber verläuft die Sache nicht ganz so optimal. Denn während Elly gerade fleißig bei der „Arbeit" ist, muss ihr Freund etwas machen, was man beim Autofahren öfter mal macht: Er muss bremsen, und zwar scharf. Dabei rammt sich sein kostbares Stück sehr unsanft in Ellys Hals, „bis an die Kehle", wie sie nachher erzählt. Davon muss die arme Elly würgen. Schlechter allerdings ergeht es ihm. Wir wissen nicht, ob Elly zugebissen hat oder ob ihr Freund einfach nur eine Quetschung abbekommen hat. Oder gar nur einen recht harten Stoß. Elly zumindest ist nachher der Überzeugung, dass es sicher weniger schmerzhaft für den armen Mann gewesen wäre, hätte er nicht gebremst, sondern das Auto vor sich gerammt.
Wir finden: Nicht nur die Aktion selber, der Blowjob während voller Fahrt, ist ausgesprochen dämlich. Noch sehr viel dämlicher ist der Schluss, den Elly daraus zieht: In solchen Fällen besser nicht bremsen!
Genauso dämlich ist übrigens die Argumentation einer anderen „Blowerin": Sex auf dem Parkplatz habe sie früher ständig gemacht,

da sei Sex während der Fahrt eigentlich nur die „natürliche Steigerung". Natürliche Steigerung wovon? Von Dummheit.

Ein teures Küsschen …

… so überschreibt die Dortmunder Polizei einen Facebook-Beitrag am 23. August 2017. Sie stellt gleich klar, dass sie gar nichts gegen Zärtlichkeiten hat. Und nein, auch der Austausch von Küsschen sei nichts Verwerfliches. Aber aus Sicht der Dortmunder Polizei sei ein Zungenkuss bei 139 km/h auf der A45 keine so gute Idee. Mal ganz abgesehen davon, dass an der Stelle 100 km/h erlaubt sind. Dazu posten die Dortmunder Beamten ein Blitzerfoto für die Ewigkeit – für die Polizei und das Liebespaar. Zu anonymisieren brauchen sie nichts. Beide Gesichter sind bis zur Unkenntlichkeit ineinander vergraben. Wie es sich wohl anfühlt, in so einem Moment den Blitz zu bemerken? Oder ist man in der Situation zu sehr abgelenkt? Der Fahrer bekommt ein Bußgeld und einen Punkt in Flensburg. Und die Dame im Auto? „Die Beifahrerin bleibt unbehelligt. Vllt. beteiligt sie sich anteilig an den Kosten? Denn zum Küssen gehören ja immer zwei!", endet der Beitrag.

Hilfe gegen Falschparker

Mit einem Auto zwei Parkplätze blockieren, Parken vor Ein- und Ausfahrten, andere Autos zuparken ... Die Reihe rücksichtslosen oder ganz einfach nur selten dummen Parkens ist lang.

Sicher, man kann Falschparker abschleppen lassen. Man könnte auch Steine gegen ihr Auto werfen oder die Seitenflächen zerkratzen. Man kann auch warten, bis der Dämlichparker wieder zurückkommt, und dann eine veritable Prügelei anzetteln. Aber das führt einem im besten Fall nicht weiter, im schlimmeren vor Gericht.

Eine weit bessere Methode, seinen Unmut loszuwerden, ist die, dem Subjekt seines Ärgers einen Zettel mit einer mehr oder weniger freundlichen Botschaft hinter die Windschutzscheibe zu heften. Das hat den deutlichen Vorteil, dass man Zeit hat zu überlegen, was man schreibt, und damit die Grenze zur Anzeige wegen Beleidigung möglichst nicht zu streifen.

Für alle, denen in der entsprechenden Situation nichts Schlagfertiges einfällt, haben wir einige der schönsten Mitteilungen zusammengestellt:

Parken vor Garagentoren

Park doch direkt in meiner Garage.

Siehst du dies Garagentor ... nur ein ESEL parkt davor!

Sie haben wirklich Mut - vor der Garage
eines Hammerwerfers zu parken

Allgemein

Falschparker sind überall, bald auch in deiner Einfahrt.
Als der liebe Gott den Sinn für platzsparendes, soziales Parken
verliehen hat, standen Sie wohl in der letzten Reihe.

Zum Glück werden wenigstens die Autos immer intelligenter.

Herzlich willkommen auf der Erde! Denn so, wie Sie parken,
können Sie nicht von diesem Planeten sein.

Parken Sie ruhig noch näher an meinem Auto,
ich steige sowieso immer über den Kofferraum ein

Das nächste Mal weniger Geld für die Karre ausgeben
und mehr für Fahrstunden!

Achtung, riskantes Areal:
Beim Parken in der Herdentriebzone
erlöschen versicherungstechnische Ansprüche

Vielen Dank, dass Sie so freundlich sind
und 2 Parkplätze blockieren.

Herzlichen Glückwunsch! Für Deine Parkkünste
hast Du gerade 99 Punkte erhalten. Bei 100 hätte
Dein Auto eine Fahrt mit dem Abschleppwagen gewonnen.

Der Platz, den Sie hier blockieren, wird sonst genutzt von:
3 Elefanten, 2 Giraffen, einer Herde Zebras und 4 Gnus.

Wenn Ihre Sexkünste genauso miserabel sind wie Ihre
Parkkünste, bekommen Sie bestimmt nie einen rein!

Sie wissen schon, dass es strafbar ist, Kinder Auto fahren
zu lassen. Sollten Sie allerdings selber so geparkt haben,
dann Glückwunsch. Sie haben sich wirklich jung gehalten!

Godzilla wird eines Tages die Welt erobern
und der neue König sein.
Weniger wahrscheinlich ist es allerdings,
dass Sie noch mal das Einparken lernen.

Gut eizuparken ist eine Kunst, die gelernt sein will.
Von Ihnen sollte man sie sich allerdings
nicht beibringen lassen!

Bitte beantragen sie einen neuen Führerschein
aber diesmal mit Parkfunktion!

Bitte entfernen Sie vor dem Wegfahren
das umgefahrene Halteverbotsschild
unter Ihrem Wagen

So ein freier Parkplatz ist was Tolles.
Anonyme Prepaid-Karten aber auch.
Habe gerade Ihr Auto als gestohlen gemeldet.
Gute Fahrt noch! Mal schauen, wie weit Sie kommen,
habe gesagt, der Dieb war bewaffnet.
Wenn ich nett wäre hätte ich Ihnen ja mitgeteilt
wo ich wohne, damit Sie bei mir klingeln
und sich entschuldigen können.
Doch leider bin ich nicht nett, sondern 1,95 m groß,
gewaltbereit, mit gespaltener Persönlichkeit
und Waffenschein. Außerdem Mitglied in mehreren
verfassungsrechtlich bedenklichen Vereinen
und gut befreundet mit einigen Betreibern
von Abschleppunternehmen.

Das hier ist der Hooligan-Trampelpfad

Parken auf privaten Stellplätzen:

Danke, dass Sie die lokale Wirtschaft unterstützen möchten!
Sollten Sie Ihr Auto wieder auf meinem privaten
Parkplatz abstellen, leite ich Ihr Angebot gerne
an ein ortsansässiges Abschleppunternehmen weiter.

Wenn Sie vorhaben, öfters auf meinem Parkplatz zu parken,
dann sollten wir beide uns über ein Abonnement unterhalten.
Ich habe da einen fairen Preis im Hinterkopf.

Sehr geehrter Falschparker. Sie vermissen Ihre Scheibenwischer?
Ich vermisse meinen Parkplatz. Bitte kommen Sie
in mein Büro im 4. Stock, dann können wir tauschen.

Parken auf Behindertenparkplätzen

Meinen Parkplatz haben Sie schon belegt,
möchten Sie auch meine Behinderung haben?

Parken vor Ausfahrten

Rücksichtsvolle Menschen
parken sowieso nicht vor Ausfahrten.
Allen anderen ist es verboten (§ 12 Ab. 3 StVO).

Beim Ausparken habe ich Ihre Stoßstange abgefahren.
Aber ich konnte sie mit Klebestreifen wieder fixieren.
Bitte fahren Sie nicht zu schnell, sonst könnte sie herunterfallen.

Kleine Parksünden bestraft die Nachbarschaft,
die großen holt der Abschleppwagen.

Was ist vor Ausfahrten verboten?
a) einen Haufen machen
b) nackt tanzen
c) parken
Für Ihren Telefonjoker rufen Sie bitte 110 an.

Für Faule: Selbstklebende Schilder

Oder machen Sie es sich einfach: Im Internet gibt es zahlreiche Angebote für Sticker, die man Falschparkern auf die Fensterscheiben oder wohin man eben möchte, kleben kann. Die Texte sind vorgedruckt, es gibt zahlreiche Varianten zur Auswahl.

Warnschilder

Und wer von vorneherein verhindern möchte, dass jemand auf seinem Privatparkplatz und/oder vor seiner Einfahrt parkt, für den haben wir hier noch ein paar nette Anregungen, wie man Hinweisschilder gestalten könnte:

PARKEN VERBOTEN.
Nicht fünf Minuten,
auch keine 30 Sekunden. GAR NICHT!

Hinweis für alle, die nur Singen und Zeichnen
in der Schule hatten: Dies ist eine Ausfahrt!
Hier fahren Autos raus!

Dies ist ein privater Parkplatz.
Autos, die unerlaubt hier parken, werden abgeschleppt
und die Teile am nächsten Tag bei ebay vesteigert.

Parken verboten!
Das letzte Auto, das hier geparkt hat,
wird bis heute vermisst.

Parken für Fortgeschrittene

Ich habe meinen Führerschein zu einem erheblichen Teil dem Umstand zu verdanken, dass mein Fahrlehrer mit den Ohren wackeln konnte. Wir hatten nämlich für die Fahrprüfung ein Zeichen vereinbart. Irgendwann würde der Prüfer sagen: Jetzt parken Sie hier mal rückwärts ein. Und weil ich regelmäßig den Moment verpasste, zu dem ich das Lenkrad einschlagen musste, wackelte mein Fahrlehrer als Wink mit dem Zaunpfahl zur rechten Zeit mit seinem linken Ohr, und alles war tutti. Bitte kein Macho-Grinsen jetzt, lieber Leser – ich heiße zwar Mandy Manta, aber mein Fahrlehrer versicherte mir, dass er den Trick bei männlichen Fahrschülern genauso anwenden musste. Jedenfalls muss jedes Auto, das irgendwann fährt, auch irgendwann abgestellt werden. Und wie bei jedem Vorgang des Autofahrens passieren auch hier genug Pannen.

Einparken durch die Betonwand

Wer in ein Parkhaus fahren will, muss häufig genug die Kunst beherrschen, sein Auto um mehrere eng geschlungene Kurven zu manövrieren. Hinaus dann noch einmal dasselbe.

Oder auch nicht. Denn man kann das Ganze auch wesentlich direkter angehen. Zum Beispiel unmittelbar durch die Betonabsperrung hinter den Parkplätzen. So geschehen in einem Parkhaus in Wien-Leopoldstadt. Dumm an der Geschichte ist allerdings nicht nur, dass Heinz K., der Einpark-Held dieser Geschichte, das Parkhaus zu dieser Zeit noch gar nicht verlassen will, im Gegenteil, er ist gerade erst angekommen. Zum anderen parkt er, um es einmal so zu formulieren, den Wagen von Sabine H. gleich mit aus. Das allerdings ohne Sabines Zustimmung, die zu dieser Zeit mit einer Freundin im Café beim Latte sitzt und gar nicht an ihr Auto denkt. Und genau das tut Heinz K. auch nicht. Der denkt nämlich daran, wie er seinen eigenen Wagen am geschicktesten in die Parklücke manövrieren kann. Allzu professionell wirkt das Resultat allerdings nicht: Denn zuerst schiebt Heinz K. Sabines Auto durch die Betonwand einige Meter nach unten auf die Wiese, anschließend fällt er mit seinem eigenen gleich hinterher. Wie er das genau anstellt, das ist den Männern von der Feuerwehr, die beide Autos am Ende bergen müssen, auch nicht ganz klar. Im Ergebnis liegt zumindest Sabines Auto auf dem Dach, der Wagen von Heinz liegt mit den beiden hinteren Rädern auf der Unterseite ihres Autos. Das Ganze sieht aus wie ein Auto-Sandwich. Und um beide zwangsverbandelten Wagen abschleppen zu können, muss die Feuerwehr den zuunterst liegenden erst einmal wieder auf seine Räder stellen. Das einzig Erfreuliche an dem etwas ungewöhnlichen Einparkmanöver ist der Umstand, dass Heinz K. nur leichte Verletzungen davonträgt.

Parken im toten Winkel

Schauplatz dieses Vorfalls ist der Rastplatz Rhynern bei Hamm auf der A2. Für alle, die den Rastplatz noch nicht mal Hörensagen kennen: Wenn man von der Autobahn abbiegt, dann kommt zuerst die Tankstelle, dann die Raststätte, danach kommen die PKW-Parkplätze und 100 Meter weiter schließlich die Parkplätze für die LKW. Und einen der letztgenannten steuert an diesem ganz normalen Dienstagnachmittag Martin U. mit seinem LKW an. Er verlässt sein Fahrzeug, geht kurz zur Toilette und will dann gleich weiterfahren. Er ist etwas in Eile. Aber dann die Überraschung: Direkt vor seinem Zug steht ein Wohnmobil. Abgeschlossen. Von den Besitzern ist weit und breit nichts zu sehen. Vermutlich sind sie essen gegangen, genau weiß Martin das natürlich nicht. Aber eines weiß er sicher: nämlich, dass er nicht ewig warten kann. Also beschließt er, etwas zu machen, das er eigentlich nicht sollte: Er wird den Zug rückwärts aus der Parklücke rangieren. Um das ordentlich hinzubekommen, geht er mehrfach um seinen LKW herum und schaut sich ganz genau an, wo er wie rangieren muss. Dann steigt er ein. Um auch wirklich noch dem letzten anderen Verkehrsteilnehmer anzuzeigen, was er vorhat, stellt er die gelben Rundumblinker und die Warnleuchten an. Dann fängt er an, vorsichtig rückwärts auszuparken.

Martin U. ist noch keine zwei Meter weit gekommen, als er plötzlich jemanden bemerkt, der wie wild mit den Armen rudert. Sieht wütend aus, das Wesen, findet Martin. Und als er zu ihm geht, ist ihm auch klar, worüber. Denn das Auto des winkenden Wesens hat nur noch einen … nennen wir es … sehr kleinen Motorblock. Der Fahrer hatte seinen PKW 20 Zentimeter hinter Martins LKW geparkt, und zwar unmittelbar nachdem Martin ins Fahrerhaus gestiegen war. 20 Zentimeter sind für einen Laster definitiv zu wenig, um im Rückspiegel entdeckt zu werden.

Drei Fragen stellen sich Martin nun, und die stellt er auch dem Fahrer des Autos mit dem platten Motorblock: Erstens, warum um alles in der Welt er einen PKW auf einem Parkplatz für LKW abstellt, wenn zweitens die Parkplätze für die PKW viel näher an Tankstelle und Raststätte liegen und drittens auch noch jede Menge von ihnen frei sind. Als Martin viertens ergänzt, dass er sich frage, ob jemand, der so nah an einem Laster parke, dass er komplett in dessen totem Winkel verschwinde, intellektuell überhaupt dazu in der Lage sei, am Straßenverkehr teilzunehmen, trägt das nicht gerade zur guten Laune seines Gegenübers bei. Ob ihm, Martin, eigentlich klar sei, dass das kostbare Auto hier ein Firmenfahrzeug sei.

„Naja", erwidert Martin, „der Laster hier ist auch nicht direkt mein Privateigentum." Egal, giftet der andere, das hier sei ein Firmenfahrzeug, und deshalb müsse jetzt die Polizei gerufen werden. „Das ist bei Unfällen ganz grundsätzlich so, ja", erklärt Martin und holt sein Handy heraus. Aber er sei garantiert ohne Versicherungsschutz unterwegs, zetert der Dienstwagenfahrer weiter, Laster würden ja sowieso immer ohne Versicherung fahren, alle. Weil nämlich Spediteursmafia und so weiter, man kenne das ja … Der Gerechtigkeitssinn möchte hier eigentlich Idiotie gegen Straßenverkehrsordnung setzen. Aber die Gesetzeslage sieht nun einmal anders aus: Martin U. muss ein Bußgeld von rund 30 Euro zahlen, weil er ohne Einweiser auf einer öffentlichen Straße rangiert habe. Der Polizist, der das Geld entgegennimmt, tut das aber mit den folgenden Worten: „So leid es mir tut, leider sind Sie offiziell der Unfallverursacher. Allerdings wirklich nur offiziell, wenn Sie verstehen, wie ich das meine. Jedenfalls sind Sie nicht selten dämlich, ganz im Gegensatz zu so manchen anderen Leuten, mit denen wir es hin und wieder zu tun haben."

Die Besten und die Schlechtesten

Wer fährt am besten, wer am rücksichtslosesten Auto? Kleine Statistik gefällig? Die folgenden Ergebnisse förderte eine Umfrage des französischen Meinungsforschungsinstituts Ipsos aus dem Jahr 2014 zutage.

Jeweils 1000 Autofahrer aus sieben europäischen Ländern wurden befragt, das Resultat lässt sich folgendermaßen zusammenfassen: Deutsche schimpfen, Spanier hupen, Italiener sind rücksichtslos, Schweden dagegen ein Wunder an sozialer Kompetenz.

Soweit die wieder einmal bestätigten Klischees. Und hier die Details mit den Ranglisten:

Die rücksichtsvollsten Autofahrer sind:
– auf Platz 1 die Schweden mit 47 Prozent aller Stimmen
– auf Platz 2 die Deutschen (26 Prozent) und
– auf 3. Platz die Briten mit 13 Prozent.

Als besonders rücksichtslos werden dagegen eingestuft:
– die Italiener. 50 Prozent der Befragten hielten sie für die schlimmsten Verkehrsrowdys, gefolgt von
– den Spaniern (16 Prozent)
– den Franzosen (14 Prozent).

Das ist die Fremdeinschätzung. Und wie denken die Fahrer in den Ländern selbst über sich und ihre Landsleute? Erstaunlich selbstkritisch – aber auch mit unerschütterlichem Selbstbewusstsein.

Zumindest was die Umfrage unter den Italienern betrifft: 71 Prozent von ihnen bezeichneten ihre eigenen Landsleute als ausgesprochen rücksichtslos beim Autofahren. Aber sie scheinen das nicht weiter nachteilig zu finden, denn auf einer Skala von null bis zehn Punkten vergeben sie acht Punkte, was die Fähigkeiten als richtig gute Autofahrer betrifft. So selbstsicher zeigen sich die Autofahrer in keinem anderen Land.

Einen guten Ruf genießen im Ausland die Deutschen. Wenn man sie dagegen selbst befragt, gestehen allerdings 67 Prozent der Befragten ein, dass sie andere Autofahrer beschimpfen. Im selben Maß geben das nur noch die Franzosen zu.

Und was den Sicherheitsabstand betrifft, geben 71 Prozent der Deutschen und der Schweden zu, dass sie ihn nicht immer einhalten.

34 Prozent der befragten deutschen Autofahrer gestanden außerdem ein, dass sie die vor sich fahrenden Autos bedrängten, wenn die ihrer Ansicht nach nicht schnell genug fuhren oder andere „Fehler" machen. Auch mit dieser selbstkritischen Einschätzung führen die Deutschen die Statistik.

Laut ist es in Spanien: 63 Prozent der befragten Spanier erklärten, dass sie besonders häufig wütend hupen.

89 Prozent aller Briten und Franzosen bekannten sich zum zu schnellen Fahren.

Und von den vorbildlichen Schweden geben 43 Prozent zu, dass sie beim Fahren ohne Freisprechanlage telefonieren.

Sie geben unseren Autos das Futter

Hier eine kurze Hommage an einen aussterbenden Beruf: den klassischen Tankwart. In der guten, alten Zeit tankte der für einen und kümmerte sich um Kleinigkeiten wie das Wischwasser oder den Reifendruck. Lang ist's her, wir leben in einer Selbstbedienungs-Gesellschaft, aber die Helden an der Tankstelle gibt es immer noch. Nur versteckter. Sie sind für uns da, wenn wir nicht wissen, wie wir auf die Autobahn Richtung Bremerhaven kommen, sie helfen uns mit Rat und Tat bei Autofragen, sie verkaufen uns Brötchen und Zeitungen – sie sind eine Säule, ohne die wir aufgeschmissen wären. Seien wir darum freundlich an unseren Tankstellen. Die Beispiele hier empfehlen sich nicht zur Nachahmung.

Einmal voll-voll-voll …

In Nettetal am Niederrhein gibt es eine idyllische freie Tankstelle. Dort arbeitet Jochen, der an einem Sonntag im Oktober 2017 hinter der Kasse lehnt und döst. Es ist kaum etwas zu tun. An einer Zapfsäule steht nur dieser Ford Courier. Der steht da schon seit geraumer Zeit und tankt, aber vielleicht spielt das Dösen ja auch Jochens Zeitgefühl einen Streich. Die Nachmittagssonne scheint durch das Fenster auf Jochen und macht ihn sehr schläfrig. Er nickt ein. Als er aufwacht, ist der Courier weg. Sapperlot! Wieder so ein Sprit-Dieb! Jochen guckt auf den Stand der Zapfsäule – 1.000 Liter?! Für rund 1.600 Euro? Was war denn das für ein Monstertank? Dabei sah der Ford doch eigentlich ganz normal aus. Jedenfalls ist diese Canaille jetzt weg. Ohne zu zahlen. Das gibt Ärger mit dem Chef. Also ruft Jochen zwei Kollegen an, die eigentlich heute frei haben, einer hält Wache in der Tankstelle, und Jochen nimmt mit dem anderen die Verfolgung auf.

Wer jetzt die Schilderung einer rasanten Verfolgungsjagd erwartet, den müssen wir leider enttäuschen. Die 1.000 Liter Super wiegen etwa eine dreiviertel Tonne. Wie die Polizei später feststellt hat der Ford Courier dadurch nur noch eine Bodenfreiheit von zwei Zentimetern. Und durch das erhebliche Gewicht kann der Wagen nur noch langsam fahren. So etwa mit der Geschwindigkeit eines Treckers. „In den Straßen von San Francisco" sieht anders aus. Aber wir sind ja auch nicht in Kalifornien, sondern am Niederrhein. Die Polizei stoppt den Courier schließlich. Auf der Ladefläche des kleinen Lieferwagens entdecken die Beamten einen Tank, in den mindestens 1.000 Liter passen. Die Autokennzeichen sind gestohlen. Klingt nach einem ausgefuchsten Kriminellen am Steuer. Leider hat er nicht bedacht, dass man das gestohlene Benzin auch einigermaßen hurtig in Sicherheit bringen muss. Festgenommen wird der Fahrer trotzdem. Die Fahrt im Polizeiwagen geht dann auch schneller als im vollgetankten Courier.

Er bittet kein zweites Mal

An einer Tankstelle zu rauchen, birgt ein paar Gefahren, besonders in der Nähe der Zapfsäule. Das ist offensichtlich, denkt man. Zumindest für normal denkende Menschen. In Bulgarien ist das Rauchen an Tankstellen sogar gesetzlich ausdrücklich verboten (wie auch in vielen anderen Ländern). Es gibt aber keine Gefahr, die so offensichtlich ist, dass sich kein Depp findet, der sie missachtet. An einer Tankstelle bei Sofia treffen zwei Arten von Menschen aufeinander: Der erste gehört zum Typ „normal denkender Mensch" und ist ein Mitarbeiter der Tankstelle. Der zweite gehört eher zum Typ „Depp" und fährt an der Zapfsäule vor. Aus dem offenen Fenster streckt er seine Zigarette zur Säule und steigt dann genüsslich aus. Er hat allerdings noch nicht die Tür zugeworfen, da steht der Mitarbeiter vor ihm und fordert ihn auf, seine Zigarette auszumachen. Und er ist einer von den Menschen, die sich nur ungern wiederholen. Der Raucher winkt aber nur kurz ab. Das zweite Mal bittet der Tankwart darum mit etwas Nachdruck – und einem Feuerlöscher. Warum soll man sich auch auf langwierige Diskussionen mit einem Depp einlassen? Der Mitarbeiter zückt also einen Feuerlöscher und zielt voll auf die brennende Zigarette im Mund des uneinsichtigen Kunden.

Danach brennt die Zigarette nicht mehr. Hinzugefügt sei aber noch, dass der Tankwart das Feuer großräumig löscht, mitsamt Raucher und dessen Opel Astra. Wie heißt es bei Jesus Sirach (3, 27)? „Wer sich gern in Gefahr begibt, kommt darin um."

Die Worst-of-Leiter

Eigentlich sollte man meinen, dass im Straßenverkehr alle, die daran teilnehmen, an einem friedlichen Miteinander interessiert wären. Aber weit gefehlt. Die einen sind davon überzeugt, dass sie den anderen erst mal zeigen müssten, wie man sich beim Autofahren ordentlich verhält. Die anderen finden, die Überholspur gehöre ihnen ganz persönlich.

Hier sind, in aufsteigender Reihenfolge, die zehn unangenehmsten Verkehrsteilnehmertypen. Und sollten Sie sich in einem von Ihnen wiedererkennen: Es sind immer die neun anderen, die die Fehler machen.

Auf Platz 10: Der Spätstarter

Er steht natürlich als Erster in der langen, der sehr langen Schlange hinter der roten Ampel. Und wenn die auf Grün umspringt, weiß er, dass zumindest er es dieses Mal schaffen wird. Nach ihm die Sintflut. Überhaupt soll man ja auf keinen Fall zu früh losfahren. Deshalb macht er das auch nicht. Er wartet, bis die Ampel definitiv ganz grün ist. Dann startet er. Langsam. Und fährt los. Den Autofahrer, der nach ihm an der Reihe wäre, hängt er so locker ab.

Auf Platz 9: Der Gutmensch

Zugegeben, er ist kein Autofahrer, sondern ein unmotorisierter Teilnehmer im Straßenverkehr. Der Radfahrer. Aber er ist viel besser als all die anderen in ihren rollenden Metallkästen. Er produziert keine Abgabe, keine Staus und er tut etwas für seine Figur. Deshalb darf er sich auch überall durchdrängeln, Kratzer am Autolack verursachen oder Seitenspiegel abbrechen, wenn die ihm gerade in die Quere kommen. Wer den Umweltschutz auf seiner Seite hat, kann das!

Auf Platz 8: Der Herr über die Wisch- und die Waschanlagen

Frontscheiben müssen häufiger gesäubert werden, sonst kann man nichts sehen. Besonders klasse macht sich das auf der Autobahn oder im Stadtverkehr, und am allerbesten funktioniert es, wenn hinter ihm ein weiteres Auto fährt. Das bekommt dann nämlich das meiste Wasser ab. Kleiner Nebeneffekt: Die Frontscheibe des anderen ist danach auch dreckig und muss jetzt geputzt werden. Wurde ohnehin schon längst mal wieder Zeit.

Auf Platz 7: Der Rückwärts-einpark-Amateur

Nehmen wir eine enge Straße, eine, in der aber trotzdem viele Autos fahren. Und nehmen wir einen Parkplatz, in den man nur rückwärts einparken kann. Und nehmen wir dann noch jemanden, der genau diese Kunst gar nicht beherrscht. Was haben wir dann: einen hübschen kleinen Stau in der engen Straße. Das freut alle.

Auf Platz 6: Der Fan der Nebelschlussleuchte

Es gibt ein Gesetzt, dass vorschreibt, man dürfe mit eingeschalteter Nebelschlussleuchte nur maximal 50 Stundenkilometer fahren. Und es gibt eine im Gesetz nicht vorgeschriebene Regel, die besagt, dass man von seiner Nebelschlussleuchte nur bei der Wetterlage Gebrauch machen sollte, die sie schon im Namen trägt: bei Nebel. Das interessiert aber den Liebhaber der Nebelschlussleuchte herzlich wenig. Er schaltet sie ein, wann immer er das hübsch findet. Und er fährt damit natürlich nicht nur 50 km/h. Braucht er ja auch nicht. Es ist kein Nebel, und er kann die Straße jetzt ziemlich gut erkennen.

Auf Platz 5: Der Drängler

Ihn kennt eigentlich jeder. Vor allem kennen ihn all jene, die keine Edelmarken fahren. Denn Autofahrer, die meinen, sie hätten die Vorfahrt beim Kauf ihres Wagens gleich miterworben, fahren tatsächlich sehr häufig teure Automarken. Wer allerdings meint, er könne jetzt mal kurz auf die Bremse steigen, um dem Drängler da hinten klarzumachen, dass er stört, der macht sich selber der Nötigung strafbar.

Auf Platz 4: Der Oberlehrer

Auch gerne als „Verkehrserzieher" oder „Mittelspurschleicher" bezeichnet. Er benutzt prinzipiell eben jene mittlere Spur, auch dann, wenn rechts alles frei ist. Und er bleibt grundsätzlich unterhalb der angegebenen Höchstgeschwindigkeit für den Straßenabschnitt. Wird er dabei allerdings überholt, schickt er böse Blicke, wenn nicht gar Anzeigen wegen Übertretens des angegebenen Tempolimits.

Auf Platz 3: Der Musikfan

Ja, sicher, jeder darf Musik mögen. Und jeder darf sie hören. Aber muss es unbedingt mit verstärkten Bässen oberhalb der Grenze zur Lärmbelästigung sein? Und muss man dabei unbedingt das Fenster herunterkurbeln? Wahrscheinlich muss man. Denn sonst wüsste keiner, wie cool man ist. Doch, liebe Bassfetischisten: Denn man hört Euern Radau auch noch, wenn Ihr das Fenster geschlossen habt. Und sogar auch dann noch, wenn man das eigene Fenster auch geschlossen hält.

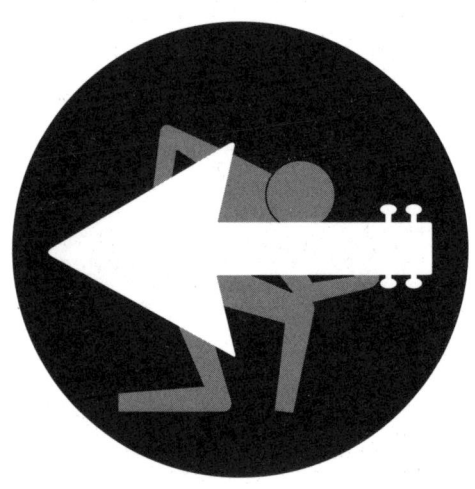

Auf Platz 2: Der Doppelparker

Er hat ein großes Auto. Ein verdammt großes. Und die Parklücke ist verdammt klein. Aussteigen muss man ja auch noch können. Also belegt er gleich zwei Plätze. Sollen die doch größere Parklücken bauen. Und die anderen sollen nicht so ein Theater machen, zwei, drei Kilometer weiter ist bestimmt noch was frei.

Und als Testsieger: Der Nicht-Blinker

Es gibt viele Situationen, bei denen Blinken wirklich überflüssig ist. Findet der überzeugte Blink-Ignorant: Beim Ein- und Ausparken, beim Überholen, beim Abbiegen, wenn man aus dem Kreisverkehr herausfährt. Er weiß ja schließlich, wohin er will. Und die anderen geht es nichts an. Das ist im einfachsten Fall ärgerlich, im schlimmsten kann es gefährlich werden. Und: Es kostet wirklich nicht so viel Arbeit, kurz den Blinker zu betätigen.

Und weil's zum Thema passt:

Seit 19. Oktober 2017 gelten in der Bundesrepublik neue Strafen für rücksichts- und verantwortungsloses Autofahren. Hier die wichtigsten Sanktionen im Überblick:

Für die Teilnahme an illegalen Rennen muss man jetzt mit bis zu 10 Jahren Freiheitsstrafe rechnen, wenn dabei jemand schwer verletzt oder gar getötet wird. Und auch für den Fall, dass niemand Schaden nimmt, kann man für zwei Jahre ins Gefängnis wandern. Bisher wurden solche Rennen mit 400 Euro Bußgeld und einem Monat Fahrverbot geahndet.

Und denjenigen, die ein solches Rennen organisieren, kann das Fahrzeug eingezogen werden. Aber auch Fahrern, die einfach so, also ohne die Teilnahme an einem Rennen „grob verkehrswidrig und rücksichtslos" rasen, droht das neue Strafmaß.

Verschärft werden auch die Strafen für das Hantieren mit Handys und Smartphones am Steuer. So ein Handyverbot besteht zwar schon lange, wird aber gerne und häufig missachtet. Deshalb beträgt das Bußgeld ab jetzt statt der bisherigen 60 Euro nun 100 Euro, der Punkt in der Verkehrssünderdatei in Flensburg ist den Handyhantierern weiterhin sicher. Wer seine Aufmerksamkeit dem Handy/Smartphone anstelle des Straßenverkehrs widmet und damit sogar einen Sachschaden verursacht, der muss mit bis zu 200 Euro Bußgeld, zwei Punkten in Flensburg und einem Monat Fahrverbot rechnen. Und nicht nur für Autofahrer gelten ab jetzt verschärfte Regeln: Auch Fahrradfahrer sollten beim Fahren die Finger vom Handy lassen. Das Strafgeld wurde von 25 auf 55 Euro erhöht.

Insgesamt gilt das „Handyverbot" nun übrigens nicht nur Telefonen, sondern es erstreckt sich auf alle Kommunikationsgeräte. Dazu zählen auch Tablet und Laptop.

Zu den übelsten Dingen auf einer Autobahn gehört es, wenn Fahrer keine Rettungsgasse bilden. Wer von nun an bei stockendem Verkehr etwa auf der Autobahn keine Notgasse bildet, zahlt statt der bisher üblichen 20 nun 200 Euro Bußgeld, im schwersten Fall kann der Betrag auf 320 Euro erhöht werden, verbunden mit einem Monat Fahrverbot.

Mit mindestens 240 Euro und einem Monat Fahrverbot muss ab jetzt außerdem jeder rechnen, der Einsatzwagen mit Blaulicht und Einsatzhorn nicht sofort freie Durchfahrt ermöglicht, unabhängig von einer Rettungsgasse.

Und schließlich noch die Gesichtsverhüllung: Wer von nun an am Steuer stark gesichtsverhüllende Masken oder Schleier trägt, muss mit 60 Euro Bußgeld rechnen. Diese Maßnahme wird deshalb als wichtig erachtet, weil inzwischen viele Verkehrskontrollen automatisiert wurden und man nur ohne Verhüllung die Identität des Fahrers einwandfrei feststellen kann.

Aber keine Sorge: Alles, was das Gesicht frei lässt, ist nach wie vor erlaubt: Hüte, Kappen, Kopftücher, Faschingsschminke und Sonnenbrillen darf man weiterhin tragen. Und – erstaunlich genug, dass man das überhaupt erwähnt – Motorradfahrer dürfen weiterhin einen Helm tragen!

Einfach nur blöd

Es gibt Fälle, bei denen sich der Gedanke „mein Gott, wie blöd!" noch über die Einteilung in Kategorien legt. Bei diesen Fällen ist es nicht mehr so wichtig, ob es ums Überholen, Parken, Rasen oder Schleichen geht. Die Exemplare in diesen Geschichten verblüffen nur noch. Seien wir alle froh, wenn wir ihnen oder ihren Artgenossen nicht auf der Straße begegnen – wo sie auftauchen, da dräut Unglück. Am besten ist es noch für alle, wenn solche Autofahrer nur sich selbst schädigen. Wenigstens bleibt uns der Trost, dass diese Fahrzeuglenker kein deutsches und auch kein europäisches Phänomen sind. Es gibt sie weltweit. Auf zu einer kleinen Tour d'Horizon durch ein spezielles Horrorkabinett:

Empirie gegen Logik

„Die schaff ich noch!" Hand aufs Herz – wer denkt das nicht manchmal bei einer gelben Ampel und lässt den rechten Fuß aufs Gaspedal sinken? „Das ist noch dunkelgrün! Kein Problem!" Dabei verschätzt man sich auch schon mal – und dann wird aus dem gelben Licht der Ampel schnell auch ein gelber Blitz. So geschehen auch Ende 2005 im schönen Kanton Thurgau am Bodensee in der Schweiz. Genauer gesagt: im idyllischen Ort Kreuzlingen. Dort befindet sich eine gewöhnliche Ampel in einer gewöhnlichen Tempo-50-Zone. Es ist Nacht. Die Ampel blinkt gelb. Fridolin fährt nach Hause, trällert ein Liedchen und fährt mit 59 km/h über die Kreuzung. Die Geschwindigkeit lässt sich deshalb so genau rekonstruieren, weil es in diesem Moment fotografiert und misst und blitzt. „Nanu?", wundert sich Fridolin. „Was war denn das? Warum blitzt es hier bei ‚Gelb blinken'?" Er weiß nicht, dass die Rotlicht-Überwachungskamera um eine Anlage zur Geschwindigkeitsmessung ergänzt worden ist. Was er sich vielleicht denken könnte beim Blitzen. Aber genau dies tut er nicht. Im Widerstreit zwischen logischem und empirischem Erklärungsansatz entscheidet sich Fridolin für den empirischen: ausprobieren! Ob das noch mal blitzt? Er ist ein Fahrer, der sein Auto exzellent unter Kontrolle hat. Wenige Sekunden nach dem Blitz hat er kehrt gemacht und gibt Vollgas. Und in der Tat: Der empirische Beweis gelingt – es blitzt wieder. Diesmal mit 63 km/h. Sapperlot! „Da hat sich bestimmt jemand mit einem Fotoapparat einen Scherz erlaubt", schließt Fridolin daraus. Denn die Hypothese „Blitzanlage an Ampel" ist noch nicht hinreichend verifiziert. Also dreht der Fahrer blitzschnell wieder um und rast erneut über die Kreuzung, diesmal mit 77 km/h. Es blitzt zum dritten Mal. Hm. Das schreit nach einer letzten Kontrolle: Wenden, Gas geben … und Blitz Nummer 4. Diesmal bei 67 km/h. Fahrtechnisch ist das eine beachtliche Leistung. Schließlich muss Fridolin jedes Mal wenden und danach enorm beschleunigen. Er schafft die vier Blitzer in 97 Sekunden. Alle Achtung! Nebenbei ist auf den Fotos noch zu sehen, dass er alle vier Mal keinen Sicherheitsgurt trägt. (Der ist ja auch für Weicheier.) Die Mitarbeiter der Kantonspolizei trauen nach eigenen Angaben ihren Augen nicht. Mal ganz abgesehen von den Kosten für das viermalige Blitzen ermittelt das Bezirksamt Kreuzlingen wegen grober Verletzung der Verkehrsregeln. Fridolins empirische Gründlichkeit führt zum Entzug der Fahrerlaubnis.

Es ist aber nicht so, dass man Fridolins Rekord nicht noch brechen könnte. Ein Kölner Autofahrer toppt es sogar noch bei weitem. Sogar absichtlich. Er geht nämlich immer nach dem gleichen Muster vor: Das Cleverle montiert sein Nummernschild ab, klappt die Sonnenblende herunter und fährt in eine Radarfalle. Das wiederholt er immer wieder, an zwölf Abenden um dieselbe Zeit. Tatort ist jedes Mal die Leverkusener Rheinbrücke. Zwölf Mal wird er dort geblitzt. In diesem Brückenbereich sind auf der A1 sind 60 km/h erlaubt. Meist gönnt sich der 34jährige noch 40 km/h oben drauf. Die Dreizehn wird dann für ihn in der Tat zur Pechzahl. Einer Sachbearbeiterin der Bußgeldstelle fällt nämlich auf, dass der Raser von Dezember 2016 bis Januar 2017 zwölf Mal um 21.30 geblitzt wurde. Schließlich postiert sich dort eine Streife. Am 11. Januar 2017, pünktlich um 21.30 Uhr, saust der Raser wieder vorbei, wird nur diesmal zu seinem Erstaunen von den Polizisten gestellt. Er muss ein Bußgeld von mehreren Hundert Euro zahlen. Außerdem erhält er ein Fahrverbot und ein Strafverfahren wegen Kennzeichenmissbrauchs.

Irrungen, Wirrungen

Dass die Tschechoslowakei sich aufgespalten hat, ist nun rund ein Vierteljahrhundert her. Seitdem gibt es das schöne Tschechien und die nicht minder schöne Slowakei, und auch an den Straßenverhältnissen haben sich ein paar Kleinigkeiten verändert. Über das Ende des alten Staates haben die Nachrichten damals viel berichtet, auch in Finnland. Das hat auch der 64 Jahre alte Eino mitbekommen – er ist ja nicht blöd. Allerdings hatte er eben noch eine jahrzehntealte Karte der Tschechoslowakei zu Hause in Turku. Die hat er mitgenommen und irrt damit durch das Tschechien des Jahres 2017, im Monat April. Die alte Straßenkarte ist ihm nicht wirklich eine Hilfe, sprich: Eino verfährt sich hoffnungslos. Er hat nicht die leiseste Ahnung, wo er sich befindet. Was tun? In Tachov bei Pilsen spricht er eine Polizeistreife an, weil er sich keinen Ausweg mehr weiß, wie die Zeitung „Pravo" amüsiert berichtet. Dummerweise hat die Odyssee Einos Nerven vorher ganz schön angegriffen, sodass er sich beruhigen wollte, und zwar mit einer Flasche Schnaps. Tja, die tschechischen Polizisten handeln so, wie es die deutschen täten: Sie führen einen Alkoholtest durch. Eino hat knapp zwei Promille im Blut. Ein Gericht verurteilt ihn wegen Trunkenheit am Steuer zu einer Geldstrafe und drei Jahren Fahrverbot in Tschechien. Außerdem erteilt es Eino die Auflage, das Land unverzüglich zu verlassen. Sein Kommentar: „Das ist eher eine Begnadigung als eine Strafe." Auch noch patzig werden – das sehen Gastgeber gerne.

Man kann nicht an alles denken

Von Eltern an Raststätten hat man das ja schon des Öfteren gehört – aber ist jetzt nicht einmal mehr auf den großen Bruder Verlass? Ende Oktober 2016 hält ein 25jähriger Autofahrer an einer Tankstelle in Elze/Niedersachsen. Dort tankt er voll und setzt dann seine Fahrt von Hannover nach Einbeck fort. Dummerweise übersieht er, dass sein 5jähriger kleiner Bruder das Auto beim Tanken verlässt. Der Kleine ist völlig aufgelöst – Auto weg, großer Bruder weg, er ganz allein auf der Welt. Gottseidank gibt es an der Tankstelle einen freundlichen Tankwart, der sich um den Steppke kümmert und die Polizei benachrichtigt. Über die Kamerabilder lässt sich das Kennzeichen feststellen, mit denen der große Bruder unterwegs ist. Die Polizei erreicht telefonisch die Mutter der beiden Brüder, und die schickt schnurstracks ihren Ältesten zurück nach Elze. Dort nimmt er auf der Polizeiwache den 5jährigen in Empfang. Für die Aktion dürfte als Schadensersatz kiloweise Eis fällig sein.

Einmal Denkzettel retour, bitte

Wenn Autofahrer gegenüber der Polizei besonders schlau sein wollen, endet das oft nicht gut für sie (die Fahrer). Jedenfalls nicht für einen Dortmunder im Oktober 2015. Analysieren wir zuerst die Situation: Auf der Varziner Straße im Dortmunder Stadtteil Huckarde erkennt der 26jährige Richard am 28. Oktober 2015 gegen 19 Uhr eine Tempokontrolle der Polizei. Weil er den Blitzer in der 30er-Zone als „Abzocke" betrachtet, will er es den Polizisten gehörig heimzahlen. Dazu entwickelt er folgenden Plan: Erlaubt ist an der Stelle Tempo 30. Richard will mit deutlich mehr am Blitzer vorbeidonnern, sein Kennzeichen mit einer Zeitung verdecken und die Sonnenblende herunterklappen. So geschützt will er den Kontrolleuren beide Mittelfinger entgegenstrecken, sodass die seinen Kommentar zur „Abzocke" auf dem Foto sehen. Analysiert, geplant – ausgeführt. Und in der Tat staunen die Polizisten nicht schlecht, als sie Richards „Stinkefinger" auf dem Blitzerfoto sehen. Die Ermittler entwickeln nun allerdings einen gewissen sportlichen Ehrgeiz, diesen kreativen Autofahrer auch kennenzulernen. Dazu schauen sie ein wenig genauer auf das Foto. Und entdecken beim Blick durch die Windschutzscheibe einen Werbeschriftzug auf der Heckscheibe. Er gehört zu einem Pizza-Lieferservice. Diesem statten ein paar Beamte dann einen Hausbesuch ab. Allerdings bestellen sie kein Essen, sondern stellen Fragen zum Fahrer. Der Inhaber des Pizza-Expresses fällt aus allen Wolken, bis sich der Pizza-Fahrer Richard zu erkennen gibt. Einsicht zeigt er allerdings nicht, sondern nennt sein Motiv: Richard begründet sein Verhalten mit dem „Hass auf die Abzocker". Er habe den kontrollierenden Behörden einen „Denkzettel" verpassen wollen. Einen Denkzettel erhält Richard jetzt selbst. Auf ihn kommen eine Bußgeld-Forderung in doppelter Höhe und ein Punkt zu.

So schnell schießen die Preußen nicht …

… im Allgemeinen tun sie das nicht, aber manchmal eben schon. Auf jeden Fall dann, wenn es sich um ein so kurioses Beispiel wie hier handelt. Jochen aus Potsdam freut sich schon, bald zu Hause zu sein und nähert sich dem Autobahndreieck Nuthetal. Es ist ein goldener Tag im Oktober 2013, und sein roter Renault Twingo glänzt in der Herbstsonne. Da wird Jochen von einem anderen roten Renault Twingo überholt. „Ist ja lustig", denkt sich Jochen, „der ist ja baugleich mit meinem." Zufälle gibt's. Im nächsten Augenblick glaubt Jochen allerdings an eine Fata Morgana: Der andere Renault hat auch sein Kennzeichen! Jochen wird gerade von sich selbst überholt! Ist das eine andere Dimension? Jochen schaut zwar gern Science-Fiction-Filme, steht aber ansonsten zu sehr mit beiden Beinen im Leben, um an eine Invasion aus der Zukunft zu glauben. Er ruft also die Polizei. Damit hilft er, gleich mehrere Straftaten aufzudecken. Denn der Zoll Berlin-Brandenburg ist sehr interessiert und nimmt sofort die Ermittlungen auf. Dabei wird der verdächtige Fahrer des Renault Twingo Nr. 2 festgenommen. Die informierten Beamten lotsen den Fahrer nämlich auf einen Rastplatz und finden mehr als 500.000 geschmuggelte Zigaretten im Wagen. Auch das frühere abgeschraubte Nummernschild entdecken sie.

Down under – kopflos fahren sie da nicht

Im Prinzip fährt man in Australien genauso Auto wie in unseren Breiten, auch in Adelaide. Gut, dort herrscht Linksverkehr, aber auf den Straßen fahren Autos mit Rädern und Bremsen und Armaturen und Lenkrädern … also, Lenkrädern fast immer. Denn wie soll man einen Wagen auch sonst steuern? Über Alexa etwa? Das geht zumindest jetzt noch nicht. Aber ein 38jähriger Australier verfällt im Juli 2013 auf die Idee, das Lenkrad noch etwas archaischer zu ersetzen. Und das wäre ja auch gutgegangen, hätte es da nicht diesen Unfall gegeben. Statt des Lenkrads benutzt der erfinderische Australier eine Rohrzange. Auf diese Weise versucht er seinen Wagen durch den Verkehr von Adelaide zu steuern. Das ist schon kurios genug, und kurios geht es auch weiter. Die Kontrolle über das Fahrzeug leidet nämlich doch ein wenig, wenn man mit der Zange lenkt. Der Heimwerker-Fahrer rammt also ein anderes Auto. Dabei platzen zwei seiner Reifen. Der 38jährige fährt aber unbeirrt weiter. Als die Polizei ihn stellt, findet sie heraus, dass dem Mann bereits der Führerschein entzogen ist. Er hat erst vor kurzem einen Unfall verursacht. Dabei hat er unter dem Einfluss von Drogen gestanden, Aufputschmitteln und Cannabis. Nach diesem Vorfall dürfte er seinen Führerschein nicht so schnell wiedersehen. Dabei sollte man darauf achten, dass er die Formulierung „nicht mehr ans Steuer setzen" auch richtig versteht.

Von Busfahrern und Dämonen

Es gibt Busfahrer, bei denen reicht es nicht, ihnen die Fahrerlaubnis zu entziehen – die sind schon eher ein Fall für einen zünftigen Exorzismus. Robben wir uns sachte mit ein paar Fragen an das Problem heran: Eigentlich ist es ja gar nicht so schwierig, eine Eisenbahnkreuzung zu überqueren. Was macht man, wenn das Licht der Ampel rot blinkt? Klar, doofe Frage – halten! Und wenn sich sogar schon die Bahnschranken senken? Noch doofere Frage – stehen bleiben, natürlich! Und wenn man hinter sich vierzig Passagiere sitzen hat? Tja, auf deren Sicherheit zu achten, wäre keine schlechte Idee. Ein polnischer Busfahrer zeigt Anfang Oktober 2017 bei Danzig, wie man jede dieser Fragen falsch beantwortet. Man fragt sich, wie der Dämon heißt, der ihn befallen hat. Dummheit im Straßenverkehr bedeutet ja nicht nur, dass man sich selbst gefährdet, sondern auch andere.

Der Busfahrer fährt also auf den Bahnübergang zu und ignoriert das rot blinkende Licht der Ampel. Auch dass die Schranken sich schon senken, nimmt er als sportliche Aufforderung – das schaffe ich noch! Er kommt auch unter der ersten durch, bravo! Die zweite Schranke senkt sich allerdings vor ihm nieder, und der Busfahrer bleibt mit dem Heck auf den Schienen einfach stehen. Dies ist die schlechteste Entscheidung, denn von rechts nähert sich bereits ein Zug. Die Passagiere drängen sich in aller Eile aus dem Bus ins Freie. Die Kollision ist nämlich unvermeidlich. Glücklicherweise touchiert der Zug den Bus eher, als das er ihn rammt. Trotzdem macht es einen ganz schönen Rumms. Zug und Bus werden beim Zusammentreffen beschädigt, aber gottlob bleiben alle Insassen unverletzt – inklusive dem Busfahrer. Der dürfte daraus allerdings nicht schließen, dass sein Verhalten in Ordnung war – das lange Ende kommt noch für ihn. Welcher Betrieb möchte so einen Fahrer schon behalten? Und auch die Staatsanwaltschaft in Danzig ermittelt.

„Sorry 4 the scratch man."

In Denver, Colorado, weiß ein Mann noch, wie sich ein Mann benehmen muss. Besonders gegenüber einer Dame. Mandi Shepard kehrt Ende September 2017 zu ihrem geparkten Auto zurück und entdeckt einen Kratzer an ihrer hinteren Stoßstange. Das ist die schlechte Nachricht. Doch die gute folgt sogleich: An ihrem linken Außenspiegel steckt die Wiedergutmachung – in Form eines Umschlags mit einem Entschuldigungsschreiben, zwei 20-Dollar-Noten und einem halb aufgerauchten Joint. Der Entschuldigungsbrief ist zwar kurz, aber dafür herzlich: „Hey I am very sorry truley. I am such a dumba**. Please forgive me. Sorry 4 the scratch man." („Hey, es tut mir wirklich sehr leid. Ich bin so ein Idiot [freundlich übersetzt]. Bitte verzeih mir. Sorry wegen dem Kratzer, Mann.") Mandi nimmt die Sache mit Humor, berichtet der lokale TV-Sender 9News: „Ich musste auf dem Heimweg sehr darüber lachen, dass sich jemand die Zeit genommen hat, mir einen Zettel und Geld und einen halben Joint da zu lassen." Die 40 Dollar investiert sie in die Reparatur des Kratzers. Aber was macht sie mit dem halben Joint? Keine Verwendung, sagt sie: „Ich bin eine Läuferin, keine Raucherin. Ich weiß nicht, was ich damit anfangen werde."

Das Auto als Babywiege

So etwas kann jedem passieren: Man will nur schnell etwas aus dem Kofferraum holen – und dann schlägt die Autotür zu. Ganz von alleine. Warum das so ist, weiß manchmal einfach niemand, vielleicht haben Autotüren einfach ihren eigenen, freien Willen und wollen manchmal nicht offen stehen. Wenn so etwas allerdings, wie im Fall einer namentlich nicht weiter genannten Autofahrerin in Südhessen passiert, dann ist es gleich in mehrfacher Hinsicht sehr, sehr ärgerlich. Denn erstens sitzt auf der Rückbank das Kleinkind, zweitens ist der Autoschlüssel zuhause in der Wohnung, drittens ist der Wohnungsschlüssel in der Handtasche, und die ist viertens – auch im Auto.

Angesichts dieser Mehrfachproblematik bekommt die Mutter das, was man wohl zurecht als „eine Krise" bezeichnen kann und ruft die Polizei. Bis die da ist, hat auch das Baby die Misere bemerkt: Ich im Auto, Mama draußen, ich weine, Mama kommt nicht. Also weint es immer lauter.

Heiß ist es an diesem Tag nicht, es ist also, als die Polizei bei der inzwischen völlig aufgelösten Mutter ankommt, keine unbedingte Eile geboten. Also beschließt man, die Fensterscheibe des Autos ganz zu lassen und stattdessen zu warten, bis der Schlüsseldienst die Wohnungstür geöffnet und damit den Weg zum Zweitschlüssel geebnet hat. Bleibt nur noch das Baby, das inzwischen immer lauter und erbarmungswürdiger weint. Die Mutter ist weg, Zweitschlüssel holen, die Polizei alleine mit dem weinenden Baby. Vielleicht ist der Polizist selber Vater eines Kleinkindes, vielleicht hat er auch ohne eigene Kinder das Gefühl für's Richtige. Auf den Arm nehmen und trösten kann er das Baby nicht. Aber manche Kinder beruhigen sich ja schon, wenn's schaukelt. Und genau dafür sorgt der Beamte nun: Er schaukelt das Auto. Das gesamte Auto wohlgemerkt, anders geht es ja nicht. Mit dem Erfolg, dass sich das Weinen und Schreien im Auto allmählich legt und das Baby ganz einfach einschläft. Und das bleibt auch so, als Mama und Ersatzschlüssel eintreffen. Das Auto ist wieder offen, das Baby schläft. Die Polizei fährt wieder weg.

U-Bahn-Gleise sind keine Straße

Ja, und manchmal kann man sich auch ganz ohne Navi verfahren. So wie Anton M. zum Beispiel, der sich eines Abends aus dem westfälischen Fröndenberg auf den Weg macht in die große Stadt Dortmund. In Städten, so viel weiß Anton schon, fahren U-Bahnen. Das sind die Dinger, die unter der Erde von einem Punkt der Stadt zu einem anderen fahren, deshalb das, für „Untergrund"-Bahn. Das geht viel schneller als oben auf den meist überfüllten Straßen. Die Menschen, die solche U-Bahnen benutzen, verschwinden durch mehr oder weniger große Löcher im Asphalt über eine Treppe oder Rolltreppe nach unten und kommen dann an einem anderen Ort aus ebensolchen Löchern wieder nach oben. Bloß: Wie kommt die Bahn selber nach unten? Vielleicht war sie schon immer da. Vielleicht ist sie von der Herstellerfirma direkt unten in der Erde zusammengebaut worden. Weit häufiger kommt es allerdings vor, dass sie irgendwo in der Stadt von oben nach unten ins U-Bahn-System hineinfährt. Und in ganz besonders fiesen Städten, zu denen unter anderem auch Dortmund zählt, fährt sie mal hier, mal da. Sprich: Teile der Strecke oberhalb auf dem normalen Straßenbahnnetz, Teile unten im U-Bahn-Netz. Damit sie das kann, gibt es die Einfahrtunnel. Da wird aus der Straßen- eine U-Bahn. Und in genau so einen Tunnel biegt Anton an diesem Abend ein. Das heißt, er biegt nicht einmal ein, sondern er biegt ganz einfach oben auf der Straße nicht ab. Er übersieht das Schild, auf dem geschrieben steht, dass die Geradeausfahrt nur den Schienenfahrzeugen gestattet ist. Und weil zum einen so ein U-Bahn-System mal eine willkommene Abwechslung zu den vielen Autos da oben ist, und weil man hier tatsächlich auch nur schwer wenden kann, fährt Anton einfach immer weiter geradeaus. Bis zur nächsten U-Bahn-Haltestelle. Hier gibt es Licht, der Tunnel ist deutlich breiter, und Menschen sind auch da. Und hier beginnt auch die Arbeit des Abschleppdienstes. Der allerdings nicht so leicht vorankommt. Glücklicherweise kommt es zu keiner Kollision von Fahrzeug und Straßenbahn.

Der verschwundene Zebrastreifen

Was lieben wir fast noch mehr als den Morgenkaffee, ein weichgekochtes Frühstücksei oder die Tageszeitung? Unser Smartphone. Mit scheint die Sonne warm und schön und die Vögel zwitschern, ohne ist das Licht zu grell und die Vögel machen Radau.

Aber es gibt eindeutig Momente, in denen sollte man andere Dinge noch viel mehr lieben als sein Handy. In denen sind die nämlich ganz einfach wichtiger. Die eigene Sicherheit, um nur mal eine erste Anregung zu geben. Und damit sind wir beim Thema Autofahren. Da nämlich sollte unsere Aufmerksamkeit nur und ausschließlich beim Autofahren liegen. Brave Handys verstehen das und liegen in dieser Zeit ruhig und ohne jeden Anflug von Eifersucht in ihrer Halterung, und wenn sie sich doch melden, dann lässt man sie ganz genau dort hängen. Am besten betätigt man nicht einmal den Annahmeknopf für Gespräche, sondern fährt an den Straßenrand und ruft ein paar Minuten später zurück.

Sonst … ja sonst kann es einem gehen wie Tim L.: Der nämlich fährt an diesem Vormittag zwar nicht Auto, sondern Motorroller. Aber er versucht sich an einer höchst unvernünftigen Form des Multitaskings, denn er telefoniert gleichzeitig. Und während er offenbar mit anderen Dingen als der Straße vor ihm beschäftigt ist, überlegt sich eben diese Straße etwas ziemlich Fieses. Sie sackt ab. Der halbe Zebrastreifen, auf den Tim zurollt, ist plötzlich weg. Das Ganze geschieht tatsächlich sehr plötzlich und ohne jede Vorwarnung. Trotzdem ist Tim zu diesem Zeitpunkt noch weit genug vom plötzlichen Erdloch entfernt, dass er abbremsen könnte.

Aber. Aber, aber. Das Smartphone. Mit dem nämlich ist er beschäftigt. Zu beschäftigt, um auf die Straße vor sich zu schauen. Und so passiert genau das, was entweder in Slapstick-Komödien oder in Autofahrer-Alpträumen passiert: Er fährt direkt hinein in das frisch geschaffene Erdloch. Aber das Glück ist mit den Smartphone-Nutzern. Tim übersteht den Absturz mit einigen leichten Verletzungen.

Die widerspenstige Absperrung

Island ist ein Volk der wahren Männer. Hier haben einst die Götter die Riesen erschlagen, und wenn sie so richtig sauer waren, dann gab es draußen auf der Insel zudem ein Unwetter, bei dem man sich nur noch in die nächste Höhle flüchten konnte. Heute wohnen die Isländer längst in richtigen Häusern, Island ist ein fortschrittliches Land mit einer der ältesten Demokratien Europas. Aber manchmal, da kommt es eben doch noch zum Vorschein, dieses Martialische, der hammerschwingende Thor.

Dann etwa, wenn Baldur und Guđmundur versuchen, ins Parkhaus zu fahren. Das liegt unterhalb des Höfđatorg Towers 1, einem Büroturm in Reykjavik, was ja zunächst einmal ziemlich nach Businesswelt klingt. Computer statt Hammer und Axt.

Aber die Einfahrt ins Parkhaus gestaltet sich etwas schwierig, denn die Zufahrt zu den Parkplätzen ist zu dieser Zeit von einer schwingenden Metallabsperrung verschlossen. Aber macht nichts, finden Baldur und sein Freund, mit ein bisschen Anlauf kommt man da schon durch. Die von der Decke herabhängende Absperrung schrammt nur ein ganz kleines bisschen über das Auto. Und die beiden sind drin.

Kaum dort angekommen, was heißt: direkt hinter der eben noch so bravourös genommenen Absperrung entscheiden die beiden allerdings, dass sie lieber doch nicht parken möchten, zumindest nicht in diesem Parkhaus. Also zurück. Das Ganze im Rückwärtsgang wieder hinaus aus der Tiefgarage. Aber jetzt streikt die Absperrung wirklich. So ungefähr bis zur Hälfte lässt sie Baldur und Guđmundur durch, dann schwingt sie zurück und damit direkt auf das Autodach. Normalerweise wäre das jetzt der Moment, an dem ein vernünftiger Autofahrer merken würde, dass er mit dieser Technik nicht weiterkommt. Nicht so diese beiden. Egal, wo die Absperrung gerade festhängt und egal, wie sie Autodach und Lack bekommt, die beiden wollen da jetzt wieder raus! Also fahren sie zurück ins Innere und nehmen erneut Anlauf. Drei Mal insgesamt, dann haben sie das ideale Tempo gefunden. Jetzt sind sie schneller als die blöde Absperrung, die schwingt nämlich erst zurück, als sie komplett durchgefahren sind.

Alles eine Frage von Kraft und Schnelligkeit. Da haben Absperrungen ganz schlechte Karten. Ursprünglich heile Autodächer allerdings auch.

Vom Wunsch, individuell zu sein

Schauen wir ins Ausland. In Österreich gibt es seit über einem Vierteljahrhundert die sogenannten Wunschkennzeichen. Sie sind für manche Autofahrer eine Gelegenheit, sich von der Masse abzuheben. Manch anderer jedoch empfindet sie als peinlich oder lächerlich. Wie man auch dazu stehen mag, eines ist gewiss: In der über 26 Jahre alten Geschichte der Wunschkennzeichen sorgten einige davon immer wieder für einen Lacher oder verstörte Gesichter. Sehr einfach gehalten und mittlerweile doch bereits legendär sind Wunschkennzeichen wie „OMA 1", „SPATZ 1", „MAUSI 1" oder auch „JAGA 1". Es scheint aber, dass sich durch die eingeschränkte Anzahl an Zeichen, die für ein Wunschkennzeichen zur Verfügung stehen (3-6 Zeichen + eine Ziffer am Ende), so mancher Autofahrer kreativ herausgefordert fühlt. Auch die Selbstironie kommt bei vielen Wunschkennzeichen nicht so kurz. So wurden auch schon Nummernschilder gesichtet mit „NARR 1", auch ein recht offensives Coming-out per Nummernschild mit den Zeichen „GAY6" ist auf Österreichs Straßen unterwegs.

Sehr gerne wird aber auch die Abkürzung der ausstellenden Gemeinde/Stadt mit einbezogen, was zu kreativen Highlights wie „S-HOLE1" (S steht für Salzburg) oder auch „KO-KAIN" (KO steht für Korneuburg in Niederösterreich) führt. Der Versuch, per Wunschkennzeichen den Draht nach ganz oben herzustellen, wurde mit „HL-JESU1" (HL = Hollabrunn in Niederösterreich) von Erfolg gekrönt. In Salzburg wiederum klappte der gleiche fromme Versuch eines Pfarrers mit „AMEN 1" nicht – das voranstehende Zulassungskürzel „S" für Salzburg machte dem Priester einen recht unsittsamen Strich durch die Rechnung. Generell gibt es offensichtlich die starke Tendenz, sexuelle Gefühle und Absichten per Wunschkennzeichen mitzuteilen. Davon zeugen z. B. Kennzeichen wie: „VI-AGRA" (VI = Villach in Kärnten), „KEIN 6", „I-WILL 6" (I = Innsbruck) oder auch „IM-AUTO 6" (IM = Imst in Tirol), „GU-TER 6" (GU = Graz-Umgebung in der Steiermark), und nicht zu vergessen der gute alte „KO-ITUS 1". So manche Autofahrer verfolgen aber mit einem Wunschkennzeichen scheinbar ganz andere

Ziele: Der Legende nach haben zwei Brüder mit dem exakt gleichen Modell eines BMWs zwei sehr verwirrende, weil ähnliche Kennzeichen-Kombinationen, bestehend aus "XXVXY 1" bzw. "XXYXV 1" registrieren lassen, um eine polizeiliche Erfassung zumindest zu erschweren.

Übrigens: Die wohl teuersten Wunschkennzeichen werden jährlich bei Auktionen in Dubai versteigert. Besonders begehrt sind dabei einstellige Kennzeichen, weshalb das Kennzeichen „Dubai 5" von einem indischen Geschäftsmann für ca. 8 Millionen Euro ersteigert wurde. Wir gratulieren herzlich zu dieser tollen Wahl, bevorzugen aber dennoch „OMA 1" für 228,30 Euro.

Wir sind alle Deppen

Wer sein Kennzeichen in der folgenden Aufzählung findet, wird entdecken: Es lädt zu Verballhornungen ein – wie jedes andere auch. Nehmen wir es alle mit Humor. Irgendwann sieht immer jemand ein Kennzeichen aus einem anderen Ort und denkt sich: „Was für ein Idiot sitzt da am Steuer! Die sind bestimmt alle so, wo der herkommt." Und dann arbeitet man sich kreativ am Nummernschild des „Deppen" ab. Was dabei herauskommt, ist jetzt zu sehen. Die Liste mag zum Beispiel ein anregender Begleiter auf Autobahnen sein. Wie man sieht, bekommen alle Ihr Fett weg, darum bitte nicht sauer sein! Viel Spaß!

- **AB** (Aschaffenburg): Armes Bayern
- **AC** (Aachen): Alles Chaoten
- **AIC** (Aichach): Arschloch im Cockpit
- **AK** (Altenkirchen, Westerwald) Alte Kiste, Altes Kamel
- **ALF** (Alfeld/Hildesheim): Affe lernt fahren /
  Achtung, lausiger Fahrer! / Außerirdische Lebensform
- **ALS** (Alsfeld): Achtung, Landwirt steuert!
- **AW** (Bad Neuenahr-Ahrweiler): Armer Winzer
- **AZ** (Alzey): Alte Zote
- **B** (Berlin): Bulette
- **BA** (Bamberg): Blutiger Anfänger / Bei Aldi
- **BAR** (Barnim): Bauer auf Reisen
- **BB** (Böblingen): Blinder Bauer / Balla-balla / Besonders Blöd
- **BC** (Biberach): Bauern Club / Bayerisch Congo
- **BGL** (Berchtesgadener Land): Bayerischer Gebirgs-Lotsch
  (Tölpel)
- **BIR** (Birkenfeld/Nahe): Bauer im Rausch
- **BIT** (Bitburg): Bauer in Trier / Bitte nicht!
- **BM** (Bergheim): Bemannte Mülltonne / Bauern-Metropole /
  Bereifte Mörder
- **BLK** (Burgenlandkreis): Blinker links kaputt
- **BN** (Bonn): Bonner Narr
- **BÖ** (Börde Kreis): Behelfs-Österreicher

- **BOR** (Borken): Bauer ohne Rücksicht
- **BRA** (Brake): Bauern rechts ab!
- **BS** (Braunschweig): Bald Schrott / Besengte Sau
- **BSB** (Bersenbrück): Besoffene Bauern
- **BT** (Bayreuth): Blöder Trottel / Blinde Tunte / Blaue Tanne
- **BU** (Burgdorf): Bauer unterwegs
- **BÜR** (Büren): Bauern überholen rechts, Bauer übt Rallye
- **BT** (Bayreuth): Bayern Trottel
- **CLP** (Cloppenburg): Clericales LumpenPack /
  Charakterloser Perverser
- **COE** (Coesfeld): Chaos ohne Ende / Gott schütze uns
  vor Eis und Schnee und vor dem Zeichen COE
- **D** (Düsseldorf): Dussel
- **DA** (Darmstadt): Dämlicher Anfänger
- **DAN** (Lüchow-Dannenberg): Dein Ableben naht
- **DBR** (Bad Doberan): Dumme Bauern rasen / Der blöde Rest /
  Dummer Bauer reist / Dorf bei Rostock /
  Dumm, Brutal, Rücksichtslos / Dumme, blöde Rasselbande
- **DD** (Dresden): Dummer Dussel
- **DE** (Dessau): Dummer Esel
- **DH** (Diepholz): Dummer Hund, Doller Hecht
- **DLG** (Dillingen): Deutschlands letzte Gegend
- **DN** (Düren): Dumme Nuss
- **DUD** (Duderstadt):Deppen und Doofe
- **DÜW** (Bad Dürkheim/Weinstraße): Depp übt wieder / Doofe
  üben wieder / Dann üb' weiter / Dummer überdrehter Winzer
- **DZ** (Delitzsch): Dorf Zombies / Dämliche Zicken /
  Dumme Zecken
- **EA** (Eisenach): Echtes Arschloch
- **EBE** (Ebersberg): Esel bleibt Esel
- **ED** (Erding): Entsprungener Depp
- **EI** (Einbeck): Esel in Nöten
- **EL** (Emsland): Entwicklungsland / Elend
- **EM** (Emmendingen): Ewig meschugge
- **EN** (Ennepekreis): Europas Nieten
- **ERB** (Erbach/Odenwald): Erste Rate bezahlt
- **ERH** (Erlangen-Höchstadt): Erlangen-Hinterland

- **ES** (Essline): Ersatz-Stuttgarter
- **ESA** (Landkreis Eisenach): Eisenacher sucht Aldi
- **ESW** (Eschwege): Eine Sau weniger / Ehrlich Schon Westen
- **EU** (Euskirchen): Esel unterwegs
- **FB** (Friedberg): Frankfurter Bauer / Ferkelbauer / Früher
  Büdingen (BÜD – Büdingen - wurde in FB zusammengefasst) /
  Ferkehrsbehinderer
- **FD** (Fulda): Fahrer döst
- **FDS** (Freudenstadt): Fahr, Du Seggl!
- **FF** (Frankfurt/Oder): Falscher Fuffziger
- **FFB** (Fürstenfeldbruck): Fahrer fährt blind / Fahrer fährt
  besoffen / Fahrer fährt bescheuert / fünf Flaschen Bier
- **FN** (Friedrichshafen): Führerschein Nebensache
- **FO** (Forchheim): Fahrender Ochse / Für Ossis
- **FR** (Freiburg): fahrender Rambo / fieser Raser / fundiger Raudi
- **FRG** (Landkreis Freyung-Grafenau): Freie Renn Gemeinschaft
- **FS** (Freising): Fährt scheiße
- **FÜ** (Fürth): Fahrer übt
- **GAP** (Garmisch-Partenkirchen): Geh Auf's Pedal! /
  Größter Anzunehmender Penner
- **GER** (Germersheim/Pfalz): Gauner, Einbrecher und Räuber
- **GF** (Gifhorn): Gefährlicher Fahrer / Geisterfahrer
- **GG** (Groß-Gerau): Große Gefahr / Geiler Gickel
  (hessisch für Hahn) / Great Gangster
- **GK** (Geilenkirchen): Geisteskranker
- **GL** (Bergisch Gladbach): Gottes Lieblinge / Gesetzlose /
  Gehirnlose / Gefahr lauert / Gottloser
- **GM** (Oberbergischer Kreis - Gummersbach):
  großes Meerschweinchen / Großmutter
- **GÖ** (Göttingen): Gnadenlos öde
- **GRA** (Grafenau): Gefährliche Raubeine
- **GS** (Goslar): Gefährlicher Sonntagsfahrer / Gesengte Sau
- **GTH** (Gotha): Go to hell!
- **GV** (Grevenbroich): Gemeiner Verbrecher / Großverbraucher /
  Güterverkehr
- **GW** (Greifswald): Grausame Wilde / Gehirn weg
- **GZ** (Günzburg): Gehirn zuhause / Gurkenzüchter

- **HAL** (Halle): Halbaffe – Halbmensch - Hirnamputierter am Lenker
- **HAS** (Haßfurt/Haßberge): Hirni am Steuer / Heute auch schrecklich / Hass.
- **HB** (Bremen): Halb Besoffener
- **HBN** (Hildburghausen): HaBeNichts / Honneckers böse Nachkommen
- **HD** (Heidelberg): Halbdeppen
- **HDH** (Heidenheim): Hummeldummer Hund
- **HEI** (Heide): Hilfe ein Idiot
- **HG** (Bad Homburg): Höchste Gefahr / hirngeschädigt
- **HGW** (Hansestadt Greifswald): Halbes Gehirn weg
- **HH** (Hamburg): Halbes Hirn / Halbes Hähnchen
- **HI** (Hildesheim): Halb-Idiot
- **HIG** (Heiligenstadt): Habe Information geliefert
- **HL** (Hansestadt Lübeck): Hamburg Land
- **HMÜ** (Hannoversch Münden): Hilflose Menschen üben
- **HO** (Hof): Hornochse / Halb-Ossi
- **HOM** (Homburg-Saar): Hirn Ohne Masse
- **HP** (Heppenheim): Heckenpisser / Heisse Piste / Hirnloser Penner / Hirn-Patient / Halbe Portion / Heil- und Pflegeanstalt
- **HR** (Homberg/Efz): Hirnlose Rindviecher / Hessisches Rindvieh / Hessen Ranger
- **HRO** (Hanstestadt Rostock): Hirnlos rasen Ossis
- **HS** (Heinsberg): Heisse Sau, Hirnloses Schwein
- **HSK** (Hochsauerlandkreis): Hilfe, Sie kommen / Hilfe, Sauerländer kommen / Huch, sie kommen / Hört nichts, sieht nichts, kann nichts / halb so klug / Hochsauerlandkasper / Homo sucht Kumpel / Huren, Säufer Kriminelle / HalbStarKe
- **HU** (Hanau): Hessisch Uganda / Hampelmänner unterwegs
- **HVL** (Havelland): Hirni vorne links / Hirn VerLoren
- **IK** (Ilm Kreis): irregeleitetes Kraftfahrzeug / illegaler Kraftfahrer
- **IZ** (Itzehoe bzw. Kreis Steinburg): Idioten-Zone
- **JEV** (Jever - jetzt FRI): Jeder ein Verückter
- **JL** (Jerichower Land): JammerLappen
- **K** (Köln): Kohlköpfe / kölscher Klüngel
- **KA** (Karlsruhe): Keine Ahnung

- **KB** (Korbach): Kuh-Bauer / Komplette Blödmänner
- **KC** (Kronach): Keine Chance
- **KEH** (Kelheim): Kein Eigenes Hirn
- **KF** (Kaufbeuren): Krimineller Fahrer
- **KG** (Bad Kissingen): kein Geld / kein Geist / kein Gehirn
- **KH** (Bad Kreuznach): kein Hirn
- **KI** (Kiel): kann immer
- **KIB** (Kirchheimbolanden): Keiner ist blöder
- **KLE** (Kleve): Keiner lebt ewig
- **KÖT** (Köthen): keine öffentliche Toilette
- **KÖN** (Bad Königshofen): Kann öfters nicht /
  kein öffentlicher Nutzen
- **KÜN** (Künzelsau): Kraftfahrer übt noch
- **LAU** (Lauf): lauter Arschlöcher unterwegs /
  links abbiegen Unfall
- **LB** (Ludwigsburg): Lauter Blöde
- **LBS** (Lobenstein): Lauter Blöde Sachsen / LandesBausparSünder
- **LD** (Landau): Lauter Deppen
- **LDK** (Lahn-Dill-Kreis): Land der Könige, Lahme dumme
  Krücke, Lauter Durstige Kerle, Lauter Dumm-Köpfe
- **LEV** (Leverkusen): leider etwas verrückt
- **LI** (Lindau/Bodensee): Lauter Idioten
- **LIP** (Lippe-Detmold): Lästiger inkompetenter Penner
- **LL** (Landsberg/Lech): Lalli, Lahmarschiger …
  (Ein Lalli ist oberbayerisch-mundartlich ein kindischer Typ.)
- **LN** (Lübben): Lachnummer
- **LOS** (Landkreis Oder-Spree): Leben (Liebe) ohne Spass /
  Land ohne Sonne / Liebe ohne Sex
- **LÖ** (Lörrach): lenkt öfter / lügt öffentlich / linker Öko /
  lahme Ölschleuder
- **LP** (Lippstadt): Lumpenpack
- **LS** (Lüdenscheid): lästiger Sauerländer / listiger Sauerländer /
  lustiger Sauerländer
- **LSZ** (Bad Langensalza): Liebe, Sex und Zärtlichkeit
- **LU** (Ludwigshafen): Looser unterwegs
- **LWL** (Landkreis Ludwigslust-Parchim): LeberWurstLand
- **MA** (Mannheim): Müll-Abfuhr

- **MD** (Magdeburg): Magdeburger Dorfjacken / Meilenweit doof
- **ME** (Mettmann): Motorisierter Esel
- **MGN** (alt, jetzt SM): Meiningen möchte gern
- **MHL** (Mühlhausen): Mielkes HandLanger
- **MIL** (Miltenberg): mit Idioten leben
- **MK** (Märkischer Kreis): Mistkutscher / miserabler Kraftfahrer / Märkisch Kongo / MeckerKopp / Merkwürdiger Kreis
- **MKK** (Main Kinzig Kreis): Mich kennt keiner / Mutter kocht Kaffee / Mutter kauft Kuchen / mein kleiner Knuffel
- **MOL** (Märkisch Oderland): Motor ohne Leistung
- **MOS** (Mosbach - Baden/Odenwald): Menschen ohne Straßenkenntnisse
- **MS** (Münster): meistens schicka (besoffen/knülle)
- **MSP** (Kreis Main-Spessart): Meespetzer (Miesepeter)
- **MTK** (Main-Taunus-Kreis): Mülltonnenkutscher
- **MTL** (Muldentalkreis): MutantenLand / MuTtis Lieblinge
- **MZG** (Merzig): Mir zugele gemuetlich (Wir fahren gemütlich)
- **NEA** (Neustadt/Aisch): Neandertaler
- **NEU** (Landkreis Hochschwarzwald Titisee-Neustadt): noch ein Unmensch / nicht erwachsen, untenrum
- **NEW** (Neustadt a.d. Waldnaab): noch ein Wichser
- **NF** (Nordfriesland): Neufundland / No Future / Norden Forever
- **NMS** (Neumünster): Nie mit streiten (Dort sitzt die Autobahnpolizei.)
- **NOH** (Lankreis Grafschaft Bentheim, Kreisstadt Nordhorn): Neger ohne Hosen
- **NOM** (Northeim): Nimm Oma mit, Neandertaler ohne Manieren
- **NVP** (Nordvorpommern): noch vor Polen
- **NW** (Neustadt an der Weinstraße): nackte Wahnsinnige
- **NWM** (Nordwestmecklenburg): nichts wissender Mensch
- **OA** (Oberallgäu): Oberarsch
- **OAL** (Ostallgäu): OberArschLoch
- **OBG** (Osterburg): Obergauner / Ossis brauchen Geld
- **OD** (Bad Oldesloe): ohne Durchblick
- **OE** (Olpe): ooch eener / oller Esel

- **OF** (Offenbach): ohne Führerschein / ohne Ferstand / Ost-Frankfurt / Ortsteil Frankfurt
- **OG** (Ortenaukreis): ohne Gehirn
- **OH** (Ostholstein): ohne Hirn
- **OHA** (Osterode am Harz): OberHarzer Arschloch / ohne Hirn angemeldet
- **OHV** (Oberhavel): Ohne Hirn und Verstand / Opi Hat Vorfahrt
- **OHZ** (Osterholz): Ohne Hirn zugelassen / Ochs hinterm Zaun / Ochsen haben Zeit / Ohne Hosen zieht's / OberHarte Zecher
- **OL** (Oldenburg): ordentliche Leute / oller Lümmel
- **OK** (Ohre Kreis): ohne Kopf / ohne Kommentar
- **OR** (Oranienburg): Oberrindvieh
- **OS** (Osnabrück): ordinäre Sau
- **OSL** (Oberspreewald-Lausitz): OberSchlauer Lübbenauer
- **OVL** (Oberes Vogtland): Ochs(en) vom Lande
- **OVP** (Ostvorpommern): Ochsen von Pommern / Orte vor Polen
- **PB** (Paderborn): permanente Bremse / perverse Blödmänner / Pennbär
- **PI** (Pinneberg): Perverse Irre / Provinz-Idiot / pennt immer
- **PLÖ** (Plön): Pennt leider öfters / Gott schütze uns vor Wind und Böen und Fahrern aus dem Kreise Plön
- **PS** (Pirmasens): pfälzisch Sibirien
- **QLB** (Quedlinburg): quer lenkende Blödmänner
- **RA** (Rastatt): rasende Arschlöcher
- **RD** (Rendsburg): Riesen-Dussel
- **RS** (Remscheid): rasende Sau
- **RV** (Ravensburg): Rindviecher
- **RZ** (Ratzeburg): rüde Zeitgenossen / Rübenzüchter / Rattenzüchter
- **SAD** (Schwandorf): sieht alles doppelt / suche anständige Dame / so a (ein auf bayerisch) Depp / Sadisten
- **SÄK** (Bad Säckingen): schon älteres Kaliber / so ärgert keiner
- **SB** (Saarbrücken): ständig besoffen
- **SBK** (Schönebeck): selten bekloppte Kraftfahrer / SelbsBefriedigungsKiste
- **SDL** (Stendal): sauDumme Leute
- **SE** (Bad Segeberg): schöner Esel / sagenhaft eingebildet / saumäßiger Egoist

- **SFA** (Soltau/Bad Fallingbostel): Sau fährt Auto /
  Säufer fährt Auto / So fahren Arschlöcher
- **SHG** (Schaumburg): Säufer, Huren und Ganoven /
  Seine Hoheit grüßt (Dort gibt es noch einen Fürsten.) /
  Sperrzone heute geöffnet / SozialHilfeGebiet /
  Sozialistisches HoheitsGebiet
- **SIIL** (Suhl): Sozialistisches HinterLand /
  Schläfer hinterm Lenkrad
- **SI** (Siegen): Sicherheit inbegriffen / schon infiziert /
  Sioux Indianer
- **SK** (Saalkreis): StrapsKnipser / StraßenKasper / SackKarre
- **SL** (Schleswig-Flensburg): „S"yber Loser (angespielt auf
  „Cyber Loser" – Kompensation des richtigen Lebens im Netz) /
  Schlaue Leute
- **SLS** (Saarlouis): Saarländische LandSau / Saarländische
  LenkradSau
- **SLZ** (Bad Salzungen): Stirb langsam Zonie
- **SM** (Schmalkalden/Meiningen): SelbstMörder, Sado-Masochist
- **SO** (Soest): So ein Ochse
- **SON** (Sonneberg): Sonntagsfahrer
- **SP** (Speyer): Spinner pennen
- **ST** (Steinfurt): StrassenTrottel / Süd-Texas / SchweineTaxi /
  SchweineTreiber
- **STA** (Starnberg): Scheiße, totaler Anfänger
- **STD** (Stade): Sie töten dich
- **SU** (Siegburg): Sau unterwegs / Suche Unfall
- **SÜW** (Südliche Weinstraße): Säufer übers Wochenende /
  Spinner üben wieder
- **SW** (Schweinfurt): Sauf weiter / Scheiß Wessi
- **TBB** (Tauberbischofsheim): Taub, blöd, blind /
  Tausend blöde Bauern, Bayern
- **TDO** (Landkreis Nordsachsen in Torgau): Tausend doofe Ossis
- **TIR** (Tirschenreuth): Trottel im Regen
- **UER** (Uecker-Randow-Kreis): UnterEntwickelte Region
- **UH** (Unstrut-Hainich-Kreis): Ungemein hässlich /
  Unterbelichteter Hinterwäldler
- **UN** (Unna): Unfall naht

- **VB** (Vogelsberg): vollkommene Blödmänner / völlig blöd / VerkehrsBehinderer
- **VEC** (Vechta): Verein ehemaliger Christen
- **VIE** (Viersen): Vollidiot im Einsatz / Very Important European
- **VS** (Villingen/Schwenningen): Verirrter Schwachkopf
- **WAF** (Warendorf): Wilder Affe fährt
- **WAK** (Wartburgkreis): Wer anders kann's? / Wessi-Abwehr-Kommando / Waren auch Kommunisten
- **WBS** (Worbis): War bei Stasi / Wir belagern Supermärkte
- **WEB** (Westerburg): Wieder ein Bekloppter
- **WF** (Wolfenbüttel): Wilder Fahrer
- **WHV** (Wilhelmshaven): Wir haben Vorfahrt
- **WIZ** (Witzenhausen): Wandern immer ziellos / Wahnsinn im Zenit
- **WL** (Winsen/Luhe): Wahnsinniger Landwirt / Wilder Lümmel
- **WND** (St. Wendel): Will nach Deutschland
- **WOB** (Wolfsburg): Wilder ohne Bildung
- **WST** (Westerstede): Wir stechen Torf / Wir sind Töffel / Wir sammeln Tote / Wir stapeln Trets / Wir saufen trotzdem
- **WT** (Landkreis Waldshut): Wäldertrottel / Wilde Tiere
- **WTM** (Wittmund): Wir trinken Milch / Wir töten Menschen
- **WÜ** (Würzburg): Weiter üben!
- **WUG** (Weißenburg): wild und gefährlich
- **WUN** (Wunsiedel): Waldmensch unter Naturschutz / Wildsau unter Narkose
- **WW** (Westerwald):wilde Wutz
- **WZ** (Wetzlar): wilde Zecher
- **WZL** (Wanzleben): (die mit) Wanzen, Zecken, Läusen / Wir zeugen Loser / Wir zerstören Leben
- **ZE** (Zerbst): zum Erbarmen
- **ZH** (Zürich - Schweiz) zu wenig Hirn